WORKBOOK / LABORAT ~~**TO ACCOMPANY**~~

Punto y aparte

Spanish in Review, Moving Toward Fluency

Punto y aparte

Spanish in Review, Moving Toward Fluency

FIFTH EDITION

Sharon Foerster

University of Texas at Austin (retired)

Anne Lambright

Trinity College

Mc
Graw
Hill
Education

WORKBOOK/LABORATORY MANUAL: PUNTO Y APARTE, FIFTH EDITION

Published by McGraw-Hill Education, 2 Penn Plaza, New York, NY 10121. Copyright © 2015 by McGraw-Hill Education. All rights reserved. Printed in the United States of America. Previous editions © 2011, 2007, and 2003. No part of this publication may be reproduced or distributed in any form or by any means, or stored in a database or retrieval system, without the prior written consent of McGraw-Hill Education, including, but not limited to, in any network or other electronic storage or transmission, or broadcast for distance learning.

Some ancillaries, including electronic and print components, may not be available to customers outside the United States.

This book is printed on acid-free paper.

1 2 3 4 5 6 7 8 9 0 QVS/QVS 1 0 9 8 7 6 5 4

ISBN   978-1-25-912946-9
MHID   1-259-12946-2

Senior Vice President, Products & Markets: *Kurt L. Strand*
Vice President, General Manager, Products & Markets: *Michael Ryan*
Vice President, Content Production & Technology Services: *Kimberly Meriwether David*
Managing Director: *Katie Stevens*
Senior Sponsoring Editor: *Katherine K. Crouch*
Senior Director of Development: *Scott Tinetti*
Development Editor: *Sadie Ray*
Director of Digital Content: *Janet Banhidi*
Digital Product Analyst: *Sarah Carey*
Executive Marketing Manager: *Craig Gill*
Faculty Development Manager: *Jorge Arbujas*
Editorial Coordinator: *Leslie Briggs*
Director, Content Production: *Terri Schiesl*
Content Project Manager: *Erin Melloy*
Buyer: *Susan K. Culbertson*
Cover Designer: *Matthew Baldwin*
Cover Image: *© Getty Images/© 2008 Hitesh Sawlani*
Compositor: *Aptara®, Inc.*
Typeface: *10/12 Palatino*
Printer: *R. R. Donnelley*

Realia: *Page* 54 © PIB Copenhagen A/S; 67 Courtesy of Agencia ANSA; 75 Tin-Glao, Cartoonists & Writers Syndicate/cartoonweb.com; 124 www.bajolalupa.org; 139 Tin-Glao, CartoonArts International/CWS.

All credits appearing on page or at the end of the book are considered to be an extension of the copyright page.

The Internet addresses listed in the text were accurate at the time of publication. The inclusion of a website does not indicate an endorsement by the authors or McGraw-Hill Education, and McGraw-Hill Education does not guarantee the accuracy of the information presented at these sites.

www.mhhe.com

Contents

About the Authors

Sharon Wilson Foerster has taught Spanish and foreign language methodology courses for over forty years. She continues to present papers and conduct workshops in the United States, and abroad, most recently in Turkey, Italy, Spain and Cuba. She received her Ph.D. in Intercultural Communications from the University of Texas in 1981. Prior to joining the Spanish department at the University of Texas, she was the Director of the Center for Cross-Cultural Study in Seville, Spain where her passion for study abroad began. She continues her involvement in study abroad through her work as co-founder and Academic Advisor for Academic Programs International. After retiring from University of Texas at Austin in 2001 where she was Coordinator of Lower Division Courses, she taught for five years in the Summer Language School at Middlebury College in Vermont. She is the lead author of eight textbooks published by McGraw-Hill: *Punto y aparte: Spanish in Review, Moving Toward Fluency* (2000, 2004, 2007, 2011, 2014), *Lecturas literarias: Moving Toward Linguistic and Cultural Fluency Through Literature* (2007), *Metas comunicativas para maestros* (1999), *Metas comunicativas para negocios* (1998), *Supplementary Materials to accompany Puntos de partida*, (1988, 1992, 1996, 2000, 2004, 2008, 2011) *In viaggio: Moving Toward Fluency in Italian* (2003), *Pause café: Moving Toward Fluency in French* (2009), and *Pasaporte: Spanish for Advanced Beginners* (2009).

Anne Lambright is Associate Professor of Language and Culture Studies in the Hispanic Studies Program at Trinity College in Hartford, Connecticut. She earned her Ph.D. in Latin American literature from the University of Texas at Austin. Her research and teaching focus on contemporary Latin American literature, Andean literature and culture, **indigenismo,** and Latin American women's writing, topics on which she has published several articles and books. She is the author of *Creating the Hybrid Intellectual: Subject, Space and the Feminine in the Narrative of José Arguedas* (2007), and co-editor of *Unfolding the City: Women Write the City in Latin America* (2007), with Elisabeth Guerrero. She is currently finishing a book on cultural production in post-conflict Peru.

Preface

This Workbook / Laboratory Manual is designed to accompany *Punto y aparte,* Fifth Edition. As with the previous edition, this combined workbook and laboratory manual offers a variety of written exercises and listening and pronunciation practice that reinforces the vocabulary and **puntos clave** (grammatical structures) presented in the main text. Once a section from the main text has been introduced, the instructor may assign the same section in the Workbook / Laboratory Manual as reinforcement of the work done in class.

The **Para empezar** chapter offers students practice with the **puntos clave** during the crucial first week(s) of the course. Especially in the **Para empezar** chapter, but throughout the Workbook / Laboratory Manual, students will find **Pista caliente** (*Hot tip*) boxes. These hints or brief grammatical reminders are written in English and will help students recall what they may have forgotten over a summer or winter break, thus better preparing them to apply the **metas comunicativas** (seven communicative functions) from the beginning of the course.

The **Para repasar** chapter found between **Capítulos 3** and **4** can be used as a midterm review for schools that complete *Punto y aparte* in one semester. For schools that extend the course across a complete academic year, **Para repasar** can serve as a review at the beginning of the second semester. Since **Para repasar** is only meant to be a quick review, it does not contain all of the sections of a main chapter nor the many **Pista caliente** boxes of **Para empezar**.

Each chapter of this Workbook / Laboratory Manual (except **Para repasar**) contains two sections: **Práctica escrita** and **Práctica oral**. Many of the exercises are based on the lives of the five friends or on cultural information about the region featured in each chapter of the main text. Here is an overview of the different sections of each main chapter in this Workbook / Laboratory Manual.

Práctica escrita

- **Vocabulario del tema:** The vocabulary exercises are introduced with a recognition exercise. This is followed by exercises that require students to use the new vocabulary in different contexts.
- **Puntos clave:** This section begins with **Práctica de formas verbales.** The first exercise in this subsection, titled **Práctica de conjugación,** features six verbs from the new vocabulary. This exercise is followed by **Traducciones,** in which students translate expressions in various tenses. **Los puntos clave principales** features a series of exercises to help students practice the **puntos clave** associated with the chapter's featured communicative function(s). The exercises in **Los otros puntos clave** offer students practice with all seven **metas comunicativas** in each chapter. **Los otros puntos gramaticales** includes exercises to practice the five additional grammar points that are explained in the green pages at the end of the main text. There is a **por/para** exercise in each chapter, and the other points are distributed throughout the six chapters.

  Because vocabulary acquisition is one of the main goals of the *Punto y aparte* program, the **Reciclaje del vocabulario y los puntos clave** section (beginning with **Capítulo 2**) provides an excellent opportunity for students to use the vocabulary and grammar from previous chapters within the context of the new chapter theme.
- **Prueba diagnóstica: ¿Cómo le va con las siete metas comunicativas?:** This section contains a diagnostic quiz that assesses students' grasp of all seven of the **puntos clave** needed in order to successfully express the **metas comunicativas** presented throughout the main text. Diagnostic quizzes are found at the end of **Para empezar, Para repasar,** and **Capítulos 2, 4,** and **6.**

Práctica oral

- **Trabalenguas:** These tongue twisters serve as a unique and fun way for students to continue to practice and improve their Spanish pronunciation. The **trabalenguas** also contain elements of the **puntos clave** being studied; these elements are highlighted for ease of recognition.
- **María Metiche:** This section features a character named María Metiche, a regular at the Ruta Maya café who gossips about what she has recently overheard. The main purpose of this exercise is to reinforce students' abilities to recognize the distinct uses and functions of the preterite and the imperfect.

- **Vocabulario del tema:** The exercises in this section assess the students' comprehension of the chapter's active vocabulary terms.
- **Puntos clave:** The first exercise in this section is a structured-input exercise that requires students to demonstrate their comprehension of a series of statements based on verbal forms or word endings, rather than on morphological time or gender markers, respectively. The second exercise in this section, **Dictado,** asks students to write the five sentences they hear and then to indicate which communicative function is present in each sentence.
- **Para escuchar mejor:** This chapter-culminating exercise provides students with the opportunity to hear a longer monologue on an academic topic and to practice note taking. This section begins with a pre-listening exercise (**Antes de escuchar**) that serves as an introduction to the theme of the monologue and as practice for listening for specific information. The first exercise in ¡**A escuchar!** assesses students' comprehension of the listening passage. The second exercise, ¡**Apúntelo!,** asks students to listen once again to the passage. Here students take notes on the content of the passage and then summarize their notes in a chapter-ending writing task in the third exercise: **En resumen.**

An answer key is provided at the back of this Workbook / Laboratory Manual so that students may check their own work. In addition, answers to many of the **Práctica oral** exercises are given in the audio program. Exercises or parts of exercises marked with the symbol ❖ do not have answers, either in the answer key or in the audio program.

PARA EMPEZAR

PRÁCTICA ESCRITA

Cara a cara: Los cinco amigos

❖**A. Detalles personales*** Lea la primera oración sobre uno de los cinco amigos. Luego, complete la segunda oración con información personal de Ud.

D
DESCRIBIR

1. Ruta Maya es el café preferido de los cinco amigos. Mi lugar favorito para reunirme con mis

   amigos es _____ porque _____

   _____

C
COMPARAR

2. Sara es más alta que Laura pero menos delgada que ella. Mi mejor amigo/a es

   _____

P
PASADO

3. Diego y Javier se conocieron cuando Javier asistía a un congreso en Monterrey. Mi mejor

   amigo y yo _____

REACCIONAR

R
RECOMENDAR

4. La madre de Javier quiere que él se case con una puertorriqueña. Mi madre (padre, hijo/a,...)

   quiere que yo _____

_____

*This symbol ❖ before exercises or parts of exercises indicates that there are *no* answers for that item in the Answer Key.

5. A Javier le encanta hablar con todo el mundo. A mi mejor amigo/a y a mí

_____

6. Si Sergio pudiera conseguir un puesto en Los Ángeles, se mudaría allí inmediatamente. Si yo

_____

7. Cuando termine sus estudios, Laura se mudará al Ecuador. Yo _____

_____

❖ **B. Perfil (_Profile_) personal**

Paso 1   Complete lo siguiente con información sobre Ud. Puede usar los perfiles de los cinco amigos que aparecen en el libro de texto como modelo.

1. **Rasgos principales de mi carácter:** Yo soy _____, pero a veces puedo ser

_____.

2. **Mi estado de ánimo estos días:** Estoy tan _____ como el año pasado porque

_____.

3. **Un secreto de mi pasado:** Cuando tenía _____ años, una vez

_____

4. **Mis amigos me recomiendan que** _____.

5. **Lo que más me molesta/fascina:** _____

_____

6. **Si pudiera invitar a dos personas a cenar, invitaría a** _____.

7. **Cuando tenga suficiente dinero,** iré a _____.

Paso 2   Ahora, en otro papel o a computadora, escriba una pequeña autobiografía para que su profesor(a) lo/la conozca a Ud. mejor.

Puntos clave

Pista caliente (*Hot tip*)   If you find you are having difficulty with a particular grammar point, review the appropriate grammar explanation(s) found in the purple pages near the back of the main text.

PRÁCTICA DE FORMAS VERBALES

A. Práctica de conjugación   Complete la siguiente tabla con las conjugaciones apropiadas de los verbos indicados.

	PRESENTE DE INDICATIVO	PRETÉRITO/ IMPERFECTO	PRESENTE PERFECTO	FUTURO/ CONDICIONAL	PRESENTE DE SUBJUNTIVO	PASADO DE SUBJUNTIVO
1. hacer (yo)	hago	hice/ hacía	he hecho	haré/ haría	haga	hiciera
2. ser (nosotros)				seremos/ seríamos	seamos	fuéramos
3. ir (ella)				irá/ _____		fuera
4. saber (yo)				_____/ sabría	sepa	supiera
5. tener (ellos)				tendrán/ _____		tuvieran
6. poder (tú)				_____/ podrías	puedas	pudieras

B. Traducciones: Escribirle Traduzca las siguientes oraciones. Recuerde utilizar los pronombres de complemento directo e indirecto siempre que (*whenever*) sea posible. Vea los modelos y fíjese en la colocación de los pronombres acentos escritos.

> MODELOS: Send it to him (**tú**). → Mándaselo.
> Don't send it to him (**tú**). → No se lo mandes.
> I'm sending it to him. → Se lo estoy mandando. / Estoy mandándoselo.
> We want to send it to you (**Ud.**). → Se lo queremos mandar. / Queremos mandárselo.
> She had already sent it. → Ya se lo había mandado.

1. I write to her. _____

2. I am writing to her. _____

3. I wrote to her. _____

4. I used to write to her. _____

5. I have written to her. _____

6. I had already written (to) her. *Ya le había escrito.* _____

7. I will write to her. _____

8. I would write to her. *Le escribiría.* _____

9. She wants me to write to her. *Ella quiere que yo le escriba.* _____

10. She wanted me to write to her. *Ella quería que yo le escribiera.* _____

11. Write to her (**tú**). _____

12. Don't write to her (**Uds.**). _____

13. Let's write to her. _____

D DESCRIPCIÓN

DESCRIBIR

Pista caliente With adjectives, use **ser** to express inherent characteristics and **estar** to express conditions such as health, mental state, or change from the perceived norm.

Sara **es** activa, pero hoy **está** cansada. (*She is not usually tired.*)

A. Los cinco amigos y el café Ruta Maya Complete cada oración con la forma apropiada de **ser** o **estar.**

1. La abuela de Laura _____ riquísima. Tiene una gran cantidad de dinero.

2. Laura _____ preocupada por la enfermedad de su abuela.

3. El ambiente de Ruta Maya _____ fantástico.

4. Este mes, el café _____ decorado con fotos de Guatemala.

5. Los dueños de Ruta Maya _____ muy generosos.

6. Sara _____ nerviosa porque tiene un examen muy importante.

7. Diego y Sergio _____ muy cómicos y tratan de ayudar a Sara a relajarse.

8. La exposición _____ en el Museo Mexic-Arte.

B. El café Ruta Maya Complete la siguiente narración con la forma apropiada de **ser** o **estar**.

El café Ruta Maya _____[1] localizado en el

distrito teatral de Austin, Texas. _____[2] un lugar

fascinante porque la clientela _____[3] diversa e

interesante. La dueña, Marisol, _____[4] de Cuba.

Por eso, trata de crear un ambiente hispano con su café estilo

cubano, sus empanadas y licuados y su muralla estilo azteca.

Hoy Marisol y su marido _____[5] preparando

una recepción. La recepción _____[6] esta noche en Ruta Maya. Ahora

_____[7] las 3:00 de la tarde y los invitados llegarán dentro de cuatro horas. Los dos

_____[8] muy ocupados con los preparativos. Pero _____[9] tranquilos

porque saben que Javier va a _____[10] allí dentro de poco para ayudarlos.

C. Austin, Texas La concordancia de los adjetivos: Sustituya las palabras en letra cursiva (*in italics*) por las que están entre paréntesis, haciendo todos los cambios necesarios.

1. Las numerosas *galerías de arte* que se encuentran en Austin le ofrecen al público una gran

   variedad de exposiciones. (museos) _____

   _____

2. *El capitolio,* que está cerca de la Universidad de Texas, es muy atractivo. (La biblioteca

   presidencial) _____

   _____

3. *La variedad y calidad de los hoteles* son impresionantes. (El número de clubes) _____

   _____

4. *Los conciertos* al aire libre son maravillosos. (La Feria de Libros) _____

   _____

5. *Los pueblos* pequeños que están cerca de Austin son muy pintorescos. (Las lagunas) _____

   _____

6. Muchos de los *restaurantes* del centro (*downtown*) son elegantísimos. (tiendas) _____

   _____

¿CÓMO LE VA CON ESTOS PUNTOS CLAVE?

META COMUNICATIVA	PUNTOS CLAVE	VERY WELL	SOMEWHAT WELL	NOT WELL
D DESCRIBIR Descripción	**ser** vs. **estar** agreement	☐ ☐	☐ ☐	☐ ☐

C COMPARACIÓN
COMPARAR

A. ¿Más, menos o igual?   Haga una comparación entre cada par de personas o cosas que hay a continuación. Los símbolos + (más que), − (menos que) y = indican qué tipo de comparación Ud. debe hacer. Tenga cuidado con el uso de **ser** y **estar**.

> **Pista caliente**   When making comparisons of equality, first determine whether you are comparing characteristics or conditions (using adjectives) or people, places, or things (using nouns). Then choose accordingly between **tan... como** and **tanto/a/os/as... como.**

1. un Jaguar **/** un Honda **/** caro (+)

   _____

2. Javier y Sergio **/** Sara **/** preocupado (−)

   _____

3. las cerámicas **/** la ropa indígena **/** bonito (=)

   _____

4. Sara **/** Diego **/** contento (+)

   _____

5. Javier **/** Laura **/** cansado (=)

   _____

6. las fiestas **/** los cines **/** divertido (+)

   _____

7. la macarena **/** el tango **/** complicado (−)

   _____

8. yo **/** mi mejor amigo/a **/** ¿ ? (=)

   _____

B. Sustantivos y adjetivos

Paso 1   Escriba una **S** al lado de todas las palabras que son sustantivos y una **A** al lado de todas las palabras que son adjetivos.

_____ años   _____ ciudades   _____ estudioso   _____ problemas

_____ bajo   _____ clases   _____ películas   _____ rico

> **Pista caliente** When a comparison involves a verb, in comparisons of either equality or inequality, the verb precedes **más que, menos que,** or **tanto como.**
>
> Sara **come tanto como** Laura.   Javier **trabaja más que** su hermano.

Paso 2 Haga comparaciones de igualdad. Preste atención a los sustantivos y los adjetivos para determinar si debe usar **tan… como** o **tanto/a/os/a… como.**

1. Javier tiene _____ problemas con su madre _____ Laura tiene con su padre.

2. Los cantantes son _____ ricos _____ los actores.

3. Sara ha visto _____ películas esta semana _____ Javier.

4. La Argentina tiene _____ ciudades fascinantes _____ Chile.

5. Mari y Ramona son _____ bajas _____ sus primas.

6. Mi abuelo vivió _____ años _____ tu abuelo.

7. Tú no eres _____ estudioso _____ yo.

8. Este semestre tomo _____ clases _____ tú.

C. Los primos Diego y Sergio Complete las siguientes comparaciones con las palabras más apropiadas según lo que Ud. sabe de Sergio y Diego.

Aunque Sergio y Diego son primos, son muy diferentes.

Físicamente, Sergio es _____[1] alto _____[2]

Diego y tiene el pelo _____[3] corto _____[4]

Diego. Sergio es tan trabajador _____[5] su primo, pero

Diego pasa _____[6] tiempo _____[7] Sergio

divirtiéndose. Es que Sergio es _____[8] fiestero[a]

_____[9] Diego, pero antes Diego salía _____[10]

su primo —a los dos les encantaba ir a fiestas cada fin de semana. Ahora, Diego trabaja

_____[11] antes. Pasa más _____[12] doce horas diarias en su tienda «Tesoros».

¡Qué lástima!

[a]*party-going*

¿CÓMO LE VA CON ESTOS PUNTOS CLAVE?

META COMUNICATIVA	PUNTOS CLAVE	VERY WELL	SOMEWHAT WELL	NOT WELL
C COMPARAR Comparación	Comparing things that are equal	☐	☐	☐
	Comparing things that are unequal	☐	☐	☐
	Comparing with numbers	☐	☐	☐

P NARRACIÓN EN EL PASADO

PASADO

A. Las formas del pretérito   Complete la siguiente tabla con la forma apropiada del pretérito.

	yo	tú	él / ella / Ud.	nosotros	ellos / ellas / Uds.
1. buscar					
2. vender					
3. ir					
4. hacer					
5. traer					
6. divertirse					
7. dormir					
8. leer					

B. El pretérito en contexto: La coartada (*alibi*)   Llene los espacios en blanco con la forma apropiada del pretérito para completar el informe (*report*) que doña Catalina Alarcón, la tía de Sergio, le dio a la policía sobre un asesinato que tuvo lugar en el ascensor (*elevator*) de su edificio.

> **Pista caliente**   If you tell a story using just the preterite, it sounds like a report of events. Each new verb in the preterite moves the story line forward in time. The preterite is the backbone of a story.

> **Pista caliente**   The following connectors are useful when talking about a chronological series of events: **primero, segundo, luego, después, finalmente.**

Pues a ver… _____¹ (salir: yo) de mi casa a las 8:15. Primero _____²

(ir) al mercado para hacer las compras. Allí _____³ (comprar) fruta, carne y pan.

Luego, _____⁴ (hablar) un rato con doña Luisa. Después, _____⁵

(pasar) por la farmacia por unas aspirinas. Finalmente, _____⁶ (regresar) a casa a

las 9:00. Cuando _____⁷ (entrar) en el ascensor, _____⁸ (ver) a un hom-

bre muerto y _____⁹ (gritar). Cuando el portero^a don Ramón _____¹⁰

(llegar), yo _____¹¹ (desmayarse^b) y él _____¹² (llamar) a la policía.

Eso es todo.

^a*doorman*   ^b*to faint*

C. **El imperfecto en contexto: Los detalles al fondo**   Ahora, lea el mismo informe de doña Catalina con los detalles al fondo que no había en el ejercicio anterior. Llene los espacios en blanco con la forma apropiada del imperfecto para explicar lo que pasaba alrededor de doña Catalina o lo que sentía o pensaba.

> **Pista caliente**   In a story, the imperfect (1) sets the scene by providing background information, (2) describes what was going on in the past before something else happened, or (3) describes people, places, things, and emotions in the past. That is, the imperfect is the flesh that fills out the backbone (preterite) of a story by adding the background details. The imperfect does not move the story line forward.

Pues a ver… salí de mi casa a las 8:15. _____¹ (Llevar: yo) mi abrigo nuevo porque

_____² (hacer) un frío tremendo. Primero fui al mercado para hacer las compras.

Gracias a Dios, no _____³ (haber) mucho tráfico. Allí compré fruta, carne y pan.

Luego, hablé un rato con doña Luisa porque _____⁴ (estar) de muy buen humor.

Después, pasé por la farmacia por unas aspirinas porque la cabeza me _____⁵

(doler) muchísimo. Finalmente, regresé a casa a las 9:00. Cuando entré en el ascensor, vi a un

hombre muerto y grité porque _____⁶ (estar) muy asustada y casi no

_____⁷ (poder) respirar.^a Cuando el portero don Ramón llegó, yo me desmayé y él

llamó a la policía. Eso es todo.

^a*breathe*

D. ¿Pretérito o imperfecto?: Los hermanos, Javier y Jacobo Complete la siguiente descripción de Javier y su hermano Jacobo con la forma apropiada del pretérito o del imperfecto.

Cuando Javier _____[1] (ser) niño, siempre le _____[2] (gustar) charlar[a]

con todo el mundo. Su hermano mayor, en cambio, _____[3] (tener) una personalidad

introvertida. Todos los jueves por la tarde los amigos de su padre _____[4] (ir) a casa

para jugar a las cartas. Un día, cuando los hermanos _____[5] (tener)

12 y 14 años, su padre los _____[6] (invitar) a jugar con sus amigos.

Javier _____[7] (estar) encantado, pero Jacobo no

_____[8] (querer) jugar. Por fin Javier lo _____[9]

(convencer) de que jugara. El resultado no _____[10] (ser) lo que

Javier _____[11] (esperar). Su hermano _____[12]

(ganar), y desde entonces Jacobo _____[13] (empezar) a ser tan

extrovertido como él. Y en realidad, desde ese momento los dos

_____[14] (hacer) muchas más cosas juntos.

[a]to chat

E. El presente perfecto: Lo que Laura ya ha hecho Llene los espacios en blanco con la forma apropiada del presente perfecto para explicar lo que Laura ya ha hecho.

> **Pista caliente** Remember that the auxiliary verb **haber** changes according to person, number, tense, and mood, but the past participle does *not*. It is always masculine singular when used with **haber** in the perfect tenses.

Son las 7:45, pero Laura ya _____[1] (levantarse),

_____[2] (vestirse), _____[3] (hacer) ejercicio,

_____[4] (ducharse), _____[5] (desayunar),

_____[6] (lavarse) los dientes y ahorita va a tomar el autobús para llegar

a clase a las 8:30.

¿CÓMO LE VA CON ESTOS PUNTOS CLAVE?

META COMUNICATIVA	PUNTOS CLAVE	VERY WELL	SOMEWHAT WELL	NOT WELL
P PASADO Narración en el pasado	Preterite verb forms	☐	☐	☐
	Uses of the preterite	☐	☐	☐
	Imperfect verb forms	☐	☐	☐
	Uses of the imperfect	☐	☐	☐

REACCIONES Y RECOMENDACIONES

> **Pista caliente** Remember the types of elements in the **main clause** that trigger use of the *subjunctive* in the subordinate clause.
>
> W (**w**ish to effect a change or influence a behavior) **Quiero que** Diego *trabaje* menos horas.
> E (**e**motions) **Me sorprende que** no *tenga* dinero.
> I (**i**mpersonal expressions) **Es necesario que** *estudien* más.
> R (**r**ecommendations) **Sugiere que** *comamos* más verduras.
> D (**d**oubt, **d**enial) **No creo que** *llegue* más gente a esta fiesta.
> O (**o**jalá) **Ojalá que** *reciban* buenas notas.
>
> Also, remember that after expressions of certainty (**creer que, pensar que, es cierto que, es evidente que,** etcétera) the *indicative* is used.
>
> **Es obvio que** a Diego le *encanta* la artesanía indígena.

A. ¿Subjuntivo o indicativo? Complete las siguientes oraciones con la forma correcta del verbo según el contexto.

Los estudios de Sara

1. Pienso que Sara _____ (levantarse) temprano para estudiar todos

   los días.

2. Es importante que ella _____ (escribir) por lo menos cinco páginas

   cada día para poder terminar la tesis para junio.

3. Prefiere que sus profesores le _____ (dar) sus opiniones muy pronto.

4. Creo que los profesores _____ (tener) mucha confianza en ella.

5. No creo que Sara _____ (estar) muy segura de sus habilidades.

De viaje con Sara y Laura

6. Es increíble que Sara y Laura _____ (ir) a España este año.

7. Laura cree que Sara _____ (querer) visitar todos los museos con ella.

8. Pero Sara prefiere que Laura _____ (visitar) algunos lugares sin ella.

9. Sara no piensa que _____ (haber) tiempo suficiente para hacer una

   excursión a Sevilla.

10. Sara piensa que ellas _____ (deber) volver a España el año que viene.

B. Las expresiones impersonales Complete las oraciones con el subjuntivo o el indicativo, según el contexto.

1. Es necesario que los dueños de Ruta Maya _____ (buscar) un conjunto

   musical latino para el próximo fin de semana.

2. Es impresionante que tanta gente _____ (ir) a Ruta Maya cuando toca un

   grupo latino.

(continúa)

3. Es obvio que a la gente de Austin le _____ (gustar) escuchar este tipo de música.

4. Es increíble que los estudiantes universitarios _____ (tener) tanto interés en escuchar la música de Flaco Jiménez, Tish Hinojosa y Los Gitanos.

5. Es probable que los profesores les _____ (dar) crédito extra a los estudiantes que asistan a estos eventos.

C. **Diego es adicto al trabajo** Complete esta descripción de Diego con la forma apropiada del presente de indicativo o de subjuntivo.

Aunque es fantástico que la tienda de Diego _____[1] (haber) tenido mucho éxito, sus amigos no creen que Diego _____[2] (deber) trabajar tanto. No les gusta que Diego _____[3] (participar) menos en las actividades divertidas que ellos planean. Laura y Sara están seguras de que _____[4] (poder) convencer a Diego de que _____[5] (buscar) a alguien para ayudarlo con la gran cantidad de trabajo que tiene cada semana. Su ex novia, Cristina, duda que Diego _____[6] (cambiar). Pero sus amigos creen que es importante que ellos _____[7] (hacer) un gran esfuerzo para encontrar una manera de recuperar al amigo que antes se divertía tanto con ellos.

¿CÓMO LE VA CON ESTOS PUNTOS CLAVE?

META COMUNICATIVA	PUNTOS CLAVE	VERY WELL	SOMEWHAT WELL	NOT WELL
REACCIONAR **R** RECOMENDAR Reacción y recomendación	Subjunctive verb forms Key expressions that require subjunctive	☐ ☐	☐ ☐	☐ ☐

G HABLAR DE LOS GUSTOS Y LAS OPINIONES
GUSTOS

A. **Los pronombres de complemento directo: La vida de los cinco amigos** Conteste las siguientes preguntas, reemplazando el complemento directo (en *letra cursiva*) por el pronombre necesario y utilizando las indicaciones entre paréntesis.

1. ¿A qué hora cierra Javier *el café Ruta Maya*? (a la 1:00)

_____

2. ¿Cuándo bailan *salsa* Javier y Laura? (todos los sábados por la noche)

_____

3. ¿Cuándo llama Sara *a sus padres*? (cada domingo)

_____

4. ¿Invitó Sergio *a Uds.* a la recepción? (no)

_____

5. ¿Compró Diego *las cerámicas* cuando estuvo en el Perú? (sí)

_____

B. Los pronombres de complemento directo e indirecto   Conteste las siguientes preguntas, utilizando su imaginación y reemplazando el complemento directo (en *letra cursiva*) y el complemento indirecto por los pronombres necesarios.

1. ¿Por qué les envió Javier *las flores* a Sara y Laura?

_____

2. ¿Por qué me dejaste *este disco compacto* de Santana?

_____

3. ¿Por qué le regaló Diego *esas entradas a un concierto* a Cristina?

_____

4. ¿Por qué les escribió Diego *ese correo electrónico* a Uds.?

_____

5. ¿Cuándo quieres que Javier te muestre *el café Ruta Maya*?

_____

C. Los verbos como *gustar*: A Laura le encanta bailar   Escriba el pronombre de complemento indirecto apropiado en cada espacio en blanco y subraye (*underline*) el verbo apropiado.

> **Pista caliente**   Remember the special relationship between the subject, verb, and indirect object when forming **gustar**-type constructions.
>
> A Javier **le** gust**a el café.**   A Javier **le** gust**an los refrescos.**   A Javier **le** gust**a nadar.**

Desde joven a Laura _____[1] (gustaba / gustaban) bailar y cantar. Es que a sus

padres _____[2] (encantaba / encantaban) el ballet y por eso siempre llevaban a

sus hijos a ver el ballet y también la danza moderna. A los 4 años, Laura empezó

a tomar clases de ballet y siguió bailando hasta que tenía 18 años. Pero cuando

empezó a asistir a la universidad, no tenía suficiente tiempo para dedicarse al

ballet. _____[3] (importaba / importaban) más las fiestas y los estudios. Al

principio, a sus padres _____[4] (molestó / molestaron) el hecho de que dejara

sus clases de ballet. Pero sabían que Laura no iba a perder su amor por el ballet y

la danza. De hecho,[a] ha aprendido a bailar salsa, merengue, cumbia y rumba.[b]

[a]De... *As a matter of fact, In fact*   [b]salsa... *bailes latinoamericanos*

(*continúa*)

_____[5] (gusta /gustan) bailar tanto que ha participado con Javier en competencias de baile latino. Ahora, a los dos _____[6] (fascina / fascinan) el tango —_____[7] (encanta / encantan) los pasos[c] complicados que están aprendiendo. Aunque a Manuel, el novio ecuatoriano de Laura, _____[8] (molestaría / molestarían) saber que Laura pasa tanto tiempo bailando con Javier, a Laura _____[9] (da / dan) igual[d] lo que piensa Manuel. Es que _____[10] (encanta / encantan) bailar y no puede esperar hasta que vuelva al Ecuador para bailar otra vez. A nosotros _____[11] (gustaría / gustarían) ver a Laura y Javier bailar juntos el tango algún día.

[c]dance steps   [d]a… it's all the same to Laura

¿CÓMO LE VA CON ESTOS PUNTOS CLAVE?

META COMUNICATIVA	PUNTOS CLAVE	VERY WELL	SOMEWHAT WELL	NOT WELL
G GUSTOS Hablar de los gustos y las opiniones	indirect object pronouns	☐	☐	☐
	using **gustar**-type constructions	☐	☐	☐
	el subjuntivo después de **me gusta que, no creo que, no pienso que**	☐	☐	☐

H HIPÓTESIS HACER HIPÓTESIS

A. Las formas del condicional Conjugue los siguientes verbos en el condicional. **¡OJO!** No todos los verbos son regulares en el condicional.

1.	**trabajar (yo)**		6.	**decir (ella)**	
2.	**escribir (Uds.)**		7.	**saber (tú)**	
3.	**viajar (nosotras)**		8.	**poder (nosotros)**	
4.	**jugar (tú)**		9.	**tener (Ud.)**	
5.	**ir (Ud.)**		10.	**salir (yo)**	

B. Las formas del pasado de subjuntivo Conjugue los siguientes verbos en el pretérito y luego en el pasado de subjuntivo.

	PRETÉRITO	PASADO DE SUBJUNTIVO			
	ellos	**yo**	**tú**	**nosotros**	**Uds.**
1. **viajar**					
2. **tener**					
3. **ser**					
4. **creer**					
5. **pedir**					
6. **dormir**					

C. Hacer hipótesis Complete las siguientes oraciones con el condicional o el pasado de subjuntivo, según el contexto.

> **Pista caliente** Remember that the past subjunctive is used in the **si** clause (the hypothetical situation) and the conditional in the main clause (the result or consequence of the hypothetical situation).

1. Si Ruta Maya fuera más grande, los dueños _____ (tener) más espacio en las paredes para poner más carteles.

2. Si sirvieran más comida, _____ (necesitar) una cocina más grande.

3. Si cambiaran el ambiente, sus clientes no _____ (estar) contentos porque les encanta Ruta Maya tal y como es ahora.

(*continúa*)

4. Los clientes protestarían si los dueños de Ruta Maya _____ (comprar) café de las grandes compañías multinacionales.

5. Javier no estaría tan contento con su trabajo en Ruta Maya si no _____ (poder) pasar tanto tiempo hablando con sus clientes.

❖6. Si yo fuera uno/a de los dueños de Ruta Maya, _____.

D. Una situación ideal   Complete esta descripción —de una situación hipotética en la que a Sara le encantaría estar— con la forma apropiada del condicional o del pasado de subjuntivo, según el contexto.

Cuando Sara termine la maestría, tiene que tomar algunas decisiones muy importantes. A los padres de Sara no les gusta que ella esté tan lejos de casa. Pero Sara tiene sus sueños. Si _____[1] (poder) conseguir un puesto en una universidad norteamericana, _____[2] (ganar) suficiente dinero para visitar a sus padres una o dos veces al año. Si la universidad _____[3] (tener) un programa en España de estudios en el extranjero, Sara _____[4] (tratar) de ser la profesora que _____[5] (acompañar) a los estudiantes allí. Si _____[6] (ser) la directora de un programa de verano en España, la universidad le _____[7] (pagar) su billete de avión y un sueldo también. De esta manera _____[8] (poder) ver a sus padres sin gastar tanto dinero. ¡Eso _____[9] (ser) ideal!

¿CÓMO LE VA CON ESTOS PUNTOS CLAVE?

META COMUNICATIVA	PUNTOS CLAVE	VERY WELL	SOMEWHAT WELL	NOT WELL
H HIPÓTESIS Hacer hipótesis	Conditional verb forms	☐	☐	☐
	Past subjunctive verb forms	☐	☐	☐
	Using correct forms to hypothesize	☐	☐	☐
	subjunctive after **me gusta que, no creo que, no pienso que**	☐	☐	☐

F HABLAR DEL FUTURO

FUTURO

A. Las formas del futuro   Conjugue los siguientes verbos en el futuro.

> **Pista caliente**   The few verbs that are irregular in the future are the same ones that are irregular in the conditional. In fact, they share the same irregular stems; only the endings are different.
>
> Conditional: **haría, vendrías, cabría, pondríamos, querríais, valdrían**
> Future: **haré, vendrás, cabrá, pondremos, querréis, valdrán**

1. **estar (ellas)**		6. **decir (nosotros)**	
2. **servir (yo)**		7. **saber (él)**	
3. **ser (nosotros)**		8. **poder (tú)**	
4. **dar (él)**		9. **tener (yo)**	
5. **convencer (tú)**		10. **salir (ellos)**	

B. ¡Qué sobrina más difícil!   A Elenita, la sobrina de Sara, no le gusta hacer lo que le dicen sus padres que haga. Siempre contesta que lo hará mañana. Reaccione a lo que ordena o pide el padre de Elenita como si Ud. fuera ella. Utilice los pronombres de complemento directo e indirecto si es posible, como en el modelo.

MODELO: Elenita, llama a tus abuelos. →
Los llamaré mañana.

1. Elenita, termina tu tarea. _____

2. Elenita, ¿me puedes lavar el coche? _____

3. Elenita, tráeme el periódico por favor. _____

4. Elenita, limpia tu cuarto. _____

5. Elenita, ¿podrías escribirle una carta a tu tía Sara? _____

C. La carrera de Sergio Complete la siguiente descripción de los planes de Sergio con la forma apropiada del futuro o del presente de subjuntivo.

Pista caliente Remember that adverbial phrases (conjunctions) that refer to a pending future action, such as **cuando,** are followed by the subjunctive.

En diciembre Sergio _____[1] (ir) a San Ángelo, Texas, para

trabajar con Los Lonely Boys. Cuando Sergio _____[2] (llegar) a

San Ángelo, _____[3] (tener) una entrevista con Los Lonely Boys,

y después _____[4] (asistir) a su concierto. Cuando

_____[5] (volver) a Austin, _____[6] (empezar) los

preparativos para el festival del Cinco de Mayo. Sergio _____[7]

(estar) muy ocupado hasta junio, fecha en que por fin _____[8]

(tomar) unas vacaciones.

¿CÓMO LE VA CON ESTOS PUNTOS CLAVE?

META COMUNICATIVA	PUNTOS CLAVE	VERY WELL	SOMEWHAT WELL	NOT WELL
F FUTURO Hablar del futuro	Future verb forms	☐	☐	☐
	Adverbial clauses	☐	☐	☐
	Using correct forms to express future	☐	☐	☐
	Using subjunctive after certain adverbial phrases	☐	☐	☐
	subjunctive after **me gusta que, no creo que, no pienso que**	☐	☐	☐

Prueba diagnóstica: Para empezar

¿CÓMO LE VA CON LAS SIETE METAS COMUNICATIVAS?

Paso 1 Escoja la(s) palabra(s) apropiada(s), según el contexto. (15 puntos)

1. El año pasado Diego _____ en Acapulco con su familia durante las Navidades.

   a. era   b. estuvo   c. estuvieron

2. El apartamento de Sara y Laura es más grande _____ el de Javier.

   a. de   b. como   c. que

3. Esta noche el concierto de Tish Hinojosa _____ en Liberty Lunch que _____ en la Calle 4.

   a. será/está   b. estará/está   c. estará/es

4. A Sara y a Laura _____ los dulces.

   a. les gusta   b. les gustan   c. le gustan

5. Si Sergio _____ más dinero, pasaría más tiempo en San Ángelo.

   a. tenía   b. tendría   c. tuviera

6. Sara espera que su hermana Yolanda _____ a los Estados Unidos a visitarla.

   a. venga   b. vendrá   c. viene

7. Laura _____ la película *Como agua para chocolate* tres veces.

   a. vea   b. vio   c. veía

8. Javier no _____ tantas horas en Ruta Maya si recibiera más encargos de otros periódicos.

   a. trabajará   b. trabajaría   c. trabajara

9. A los clientes _____ encanta _____ de Ruta Maya.

   a. les/la música   b. le/los meseros   c. le/el ambiente

10. Cuando el hermano de Javier _____ a Austin, irá directamente a Ruta Maya.

    a. llegue   b. llega   c. llegará

11. En «Tesoros», la tienda de Diego, hay más _____ 25.000 artículos latinoamericanos.

    a. de   b. que   c. como

12. Es necesario que Sara _____ su tesis este semestre.

    a. termina   b. terminará   c. termine

13. Tan pronto como el grupo musical firme el contrato, Sergio _____ contentísimo.

    a. estará   b. estaría   c. esté

14. La familia de Javier _____ de Puerto Rico.

    a. son   b. está   c. es

15. Sara _____ a fumar cuando _____ 14 años.

    a. empezaba/tenía   b. empezó/tenía   c. empezó/tuvo

Paso 2 Llene los espacios en blanco con el artículo definido o la forma apropiada de la palabra indicada, según el contexto. (7 puntos)

1. A _____ gente le gustan _____ fotos de los instrumentos musicales andinos.

2. _____ canciones que tocan en Ruta Maya son _____ (ecléctico).

3. _____ mapa de _____ ciudad que queremos visitar es _____

   (pequeño).

Paso 3 Traduzca la siguiente oración al español. (3 puntos)

Cristina doesn't like it that Diego has less than two hours a week to spend with her.

_____

_____

🎧 PRÁCTICA ORAL

❖ Trabalenguas (*Tongue twisters*)

Lea y escuche las siguientes oraciones. Va a oír las oraciones dos veces. Repita cada una después de oírla la segunda vez.

REACCIONAR
R
RECOMENDAR

1. Temo que Tomás Tamiami, el que toca el tambor, no **tenga** talento.

C
COMPARAR

2. Javier juega al ajedrez **mejor que** su hermano, Jacobo.

F
FUTURO

3. Cuando Carla pueda, **pedirá** un préstamo, **comprará** un coche y lo **pagará** a plazos.

H
HIPÓTESIS

4. Si los señores Suárez **visitaran** Sintra otra vez, **se quedarían** en el Hotel Sol y Sombra.

G
GUSTOS

5. **A** Diana Domínguez **le disgusta** darles sus datos a los diplomáticos desconocidos.

María Metiche*

María Metiche es una mujer que va a Ruta Maya para tomar café casi todos los días. A ella le encanta hablar con Javier y le interesa muchísimo saber todo lo que está pasando en la vida de sus amigos. Escuche lo que sabe María Metiche de los cinco amigos. Luego, indique cuál de ellos se describe. (Las respuestas se dan en el programa auditivo.)

	SARA	JAVIER	LAURA	DIEGO	SERGIO
1.	☐	☐	☐	☐	☐
2.	☐	☐	☐	☐	☐
3.	☐	☐	☐	☐	☐
4.	☐	☐	☐	☐	☐
5.	☐	☐	☐	☐	☐
6.	☐	☐	☐	☐	☐
7.	☐	☐	☐	☐	☐

***Metiche** es una palabra muy común en México que se usa para referirse a una persona que **se mete** (*gets involved*) en los asuntos de los demás sin que la inviten.

Puntos clave

Dictado   Escuche la siguiente serie de oraciones. Va a oír cada oración dos veces. Mientras Ud. escucha la segunda vez, escriba lo que oiga. Luego, identifique cuál de las metas comunicativas se representa en cada oración. Puede escuchar las oraciones más de una vez, si quiere.

Metas comunicativas: **D** **C** **P** **R** **G** **H** **F**
REACCIONAR
DESCRIBIR   COMPARAR   PASADO   RECOMENDAR   GUSTOS   HIPÓTESIS   FUTURO

1. _____

_____

2. _____

_____

3. _____

_____

4. _____

_____

5. _____

_____

❖ Para escuchar mejor: Más datos personales

ANTES DE ESCUCHAR

Anticipar la información   Ud. va a oír más información sobre la vida de Sara y Diego. Antes de escuchar, piense en lo que ya sabe de estos dos amigos. ¿Cómo piensa que es la familia de cada uno? ¿Cómo es la ciudad donde vivía cada uno antes de mudarse a los Estados Unidos? Apunte dos o tres ideas sobre cada amigo.

Sara

_____

_____

_____

Diego

_____

_____

_____

¡A ESCUCHAR!

A. ¡Apúntelo!

Paso 1 Ahora, escuche la narración de Sara. Mientras escucha, tome apuntes en otro papel o a computadora, organizando sus apuntes según las siguientes categorías.

1. de dónde es Sara
2. cómo es su familia
3. cómo es la ciudad donde vivía
4. otros apuntes

Paso 2 Ahora, escuche la narración de Diego. Mientras escucha, tome apuntes en otro papel o a computadora, organizando sus apuntes según las siguientes categorías.

1. de dónde es Diego
2. cómo es su familia
3. cómo es la ciudad donde vivía
4. otros apuntes

B. En resumen Ahora, en otro papel o a computadora, haga un breve resumen de la información de Sara y otro de la información de Diego, basándose en lo que Ud. escuchó y en sus apuntes.

For more resources and practice with the vocabulary, grammar, and culture presented in this chapter, check out Connect Spanish (**www.connectspanish.com**).

CAPÍTULO 1

PRÁCTICA ESCRITA

Vocabulario del tema

A. Lo contrario Escriba la letra del adjetivo de la columna B que corresponda al adjetivo opuesto de la columna A.

A

1. _____ rizado/a

2. _____ grosero/a

3. _____ tacaño/a

4. _____ testarudo/a

5. _____ deprimente

6. _____ presumido/a

7. _____ cursi

8. _____ bruto/a

9. _____ atrevido/a

10. _____ emocionante

B

a. chistoso/a
b. elegante
c. liso/a
d. aburrido/a
e. tímido/a
f. generoso/a
g. bien educado/a
h. modesto/a
i. flexible
j. listo/a

B. ¿Cuál no pertenece? Indique la palabra que no pertenece a cada serie de palabras. Luego, escriba una oración para explicar o mostrar por qué.

1. arete, ceja, ombligo, oreja

   _____

2. dulce, tacaño, testarudo, tiquismiquis

   _____

3. barba, bigote, lentes, patilla

   _____

4. alucinante, degradante, deprimente, repugnante

   _____

C. Ampliación léxica

Paso 1 Estudie las siguientes palabras y vea cómo se puede ampliar el vocabulario conociendo el significado de una sola palabra.

SUSTANTIVOS	VERBOS	ADJETIVOS
la apariencia	**parecer***	parecido/a
la dulzura	endulzar	**dulce**
el encanto	encantar	**encantador(a)**
la llamada	llamar	**llamativo/a**
la vista	**verse**	visto/a

Paso 2 Lea el siguiente párrafo sobre el nuevo jefe de la clínica donde Laura hace de voluntaria. Mientras lea, indique si los espacios en blanco requieren un sustantivo (S), un verbo (V) o un adjetivo (A) según el contexto y seleccione la letra S, V o A correspondiente. Luego, llene cada espacio en blanco con la palabra apropiada de la lista del **Paso 1.**

Laura está muy contenta porque el nuevo director de la clínica es un _____

(S / V / A).[1] Sin embargo, la primera impresión que ella tuvo de él no fue del todo positiva. Cuando

Laura lo conoció, él llevaba pantalones cortos y unos lentes _____ (S / V / A).[2]

Pero Laura sabe que las _____ (S / V / A)[3] engañan y no se puede juzgar[a] a

nadie porque _____ (S / V / A)[4] raro. La verdad es que este director es muy

buena gente. Su manera de hablar con los pacientes, los otros médicos y los voluntarios y ese tono

de voz muy _____ (S / V / A)[5] que utiliza demuestran que es un buen director y

una persona muy amable.

[a]*judge*

D. El tío de Laura Laura aprendió a amar la cultura hispana gracias a su tío Frank, quien viajó a España a los 18 años, se enamoró de una española y se casó con ella. El tío Frank es todo un personaje. Lea la descripción que hace Laura de su tío y llene cada espacio en blanco con la(s) palabra(s) apropiada(s), según el contexto.

Mi tío Frank es muy buena gente. Es una persona _____[1] (encantador / grosero)

que _____[2] (caerle bien / llevarse bien) con todo el mundo porque es muy

amable y, aunque es un hombre muy culto y rico, no es nada _____[3] (educado /

presumido); tiene amigos de todas partes, profesiones y clases sociales. Su único problema es que

es algo _____[4] (despistado / tacaño); siempre se olvida de hacer las cosas. Por

ejemplo, mi tío Frank nunca puede encontrar sus _____[5] (aretes / lentes) pero no

quiere llevar una cadena (*chain*) porque no quiere parecer viejo. Y nunca _____[6]

(ir a la moda / estar de moda) porque no le importa la ropa para nada; lleva los mismos pantalones

y las mismas camisas que se compró hace veinte años. Pero lo más importante es que, aunque

tiene una apariencia un poco _____[7] (atrevido / raro), mi tío Frank me

_____[8] (caer bien / llevar bien) y es mi tío favorito.

---

*Words in boldface here are active vocabulary in this chapter.

E. Todos somos iguales   Complete cada párrafo con la forma correcta del verbo apropiado.

1. —¿A quién _____ (mirar / parecerse), a tu madre o a tu padre?

   —Pues, creo que _____ (parecerse / verse) más a mi padre en lo físico y a

   mi madre en cuestiones de personalidad.

2. —Oye, Sara, ¿qué te pasa? _____ (Parecer / Verse) un poquito enferma.

   —Bueno, _____ (parecer / parecerse) que tengo problemas con mis alergias.

   Siempre que tengo reacciones alérgicas _____ (verse / parecerse) mal.

   Por eso _____ (mirar / parecer) que estoy enferma.

3. —¿_____ (Caerle / Llevarse) bien tú nuevo compañero de cuarto?

   —Pues no, en realidad a mí _____ (caerle / llevarse) mal. Es raro, porque

   normalmente yo _____ (llevarse / verse) bien con todo el mundo.

4. —_____ (Parecerse / Parecer) que mi nuevo novio _____

   (caerle / llevarse) mal a mi madre porque él _____ (parecerse / verse) un

   poco raro. Tiene muchos tatuajes y piercings. No _____ (mirarse / parecerse)

   en nada a mi último novio, quien era muy conservador.

F. Pronombres relativos   Combine las dos oraciones con un pronombre relativo. Vea la explicación de los pronombres relativos en las páginas moradas bajo el título **Los otros puntos gramaticales.**

MODELO: Ramón tiene tres tatuajes en el brazo. Son muy feos. →
          Los tres tatuajes que Ramón tiene en el brazo son muy feos.

1. Las patillas están de moda. Mi hermano lleva patillas.

   _____

2. Raúl tiene un tío rico. El tío es muy tacaño.

   _____

3. Marta lleva una chaqueta fea. La chaqueta está pasada de moda.

   _____

4. Este profesor es el más presumido que he tenido. El profesor se llama Pablo Pérez.

   _____

5. Los turistas son encantadores. Los turistas vienen de Salamanca.

   _____

6. Lola le mira los brazos a Felipe. Los brazos están llenos de tatuajes.

   _____

7. El niño es grosero. El niño está detrás del edificio.

   _____

8. Plácido Domingo canta una canción deprimente. La canción trata de un amor perdido.

   _____

(continúa)

9. Los aretes cuestan mucho dinero. Los aretes están decorados con diamantes.

_____

10. La mujer del pelo liso es la dueña de Ruta Maya. La mujer está sentada en la mesa.

_____

❖G. **La gente que me rodea**

D
DESCRIBIR

Paso 1 Imagínese que Ud. está conversando con un compañero / una compañera sobre algunas personas importantes en su vida. Haga una descripción de cada uno/a. Incluya tanto sus características físicas como personales y use el vocabulario que Ud. aprendió en este capítulo.

1. un vecino / una vecina _____

_____

2. su compañero/a de cuarto _____

_____

3. su profesor favorito / profesora favorita _____

_____

4. su madre y su abuela _____

C
COMPARAR

Paso 2 Ahora, escriba comparaciones entre estas personas, usando el vocabulario nuevo del capítulo y las indicaciones que están a continuación.

1. su vecino/a **/** su compañero/a de cuarto _____

_____

_____

2. tres compañeros de clase: (nombre ____) **/** (____) **/** (____) _____

_____

_____

3. su primer profesor / primera profesora de español **/** el profesor / la profesora de este curso

_____

_____

4. su madre **/** su abuela _____

_____

_____

H. **Exprésalo** Complete las siguientes oraciones con expresiones de la lista. Use el presente de indicativo de los verbos.

hablar por los codos	ser buena/mala gente	meter la pata
no tener pelos en la lengua	tener buena/mala pinta	

1. Las facturas (*bills*) de teléfono de Javier son altísimas porque llama mucho a Puerto Rico y

_____

2. César, un amigo de Sergio, es una persona muy directa y honesta. El problema es que muchas veces _____ sin querer (*without meaning to*).

3. Ignacio, un amigo de Diego, tiene muchos tatuajes y aretes por todo el cuerpo. La madre de Diego piensa que Ignacio _____

4. Después de las vacaciones, Sara le dijo a Laura que esta parecía más gorda. Laura estaba ofendida aunque sabe que Sara _____

5. La jefa de Javier parece ser muy despistada y exigente, pero Javier le tiene mucho respeto porque sabe que en el fondo _____

Puntos clave

Pista caliente If you find you are having difficulty with a particular grammar point, review the appropriate grammar explanation(s) found in the purple pages near the back of the main text. Or for a quick review, refer to the **Pistas calientes** found inside the back cover of the textbook.

PRÁCTICA DE FORMAS VERBALES

A. Práctica de conjugación Complete la siguiente tabla con las conjugaciones apropiadas de los verbos indicados.

	PRESENTE DE INDICATIVO	PRETÉRITO/ IMPERFECTO	PRESENTE PERFECTO	FUTURO/ CONDICIONAL	PRESENTE DE SUBJUNTIVO	PASADO DE SUBJUNTIVO
1. **caer** (yo)				caeré/ _____	caiga	cayera
2. **estar** (nosotros)				_____/ estaríamos		estuviéramos
3. **llevarse** (tú)				te llevarás/ _____		te llevaras

(*continúa*)

	PRESENTE DE INDICATIVO	PRETÉRITO/ IMPERFECTO	PRESENTE PERFECTO	FUTURO/ CONDICIONAL	PRESENTE DE SUBJUNTIVO	PASADO DE SUBJUNTIVO
4. **parecer** **(ella)**				_____ / *parecería*	*parezca*	*pareciera*
5. **meter** **(ellos)**				*meterán*/ _____		
6. **tomar** **(Ud.)**				_____ / *tomaría*		

B. Traducciones: Hablarles   Traduzca las siguientes oraciones. Recuerde utilizar los pronombres de complemento directo e indirecto siempre que sea posible. Vea los modelos y fíjese en la colocación de los pronombres y acentos escritos.

MODELOS: Send it to him (**tú**). → Mándaselo.
Don't send it to him (**tú**). → No se lo mandes.
I'm sending it to him. → Se lo estoy mandando. / Estoy mandándoselo.
We want to send it to you (**Ud.**). → Se lo queremos mandar. / Queremos mandárselo.
She had already sent it. → Ya se lo había mandado.

1. She talks to them (*m*). _____

2. She is talking to them. _____

3. She talked to them. _____

4. She used to talk to them. _____

5. She has talked to them. _____

6. She had already talked to them. *Ya les había hablado.* _____

7. She will talk to them. _____

8. She would talk to them. *Les hablaría.* _____

9. I want her to talk to them. *Quiero que les hable.* _____

10. I wanted her to talk to them. *Quería que les hablara.* _____

11. Talk to them (**tú**). _____

12. Don't talk to them (**Uds.**). _____

13. Let's talk to them. _____

LOS PUNTOS CLAVE PRINCIPALES: DESCRIPCIÓN Y COMPARACIÓN

D
DESCRIBIR

Descripción

A. **La última noche en Madrid**   Durante una visita a España con su amiga Sara, Laura le escribe una tarjeta postal a su mejor amiga del Ecuador. Complete su tarjeta con la forma apropiada de **ser** o **estar.**

Querida Isabel:

Aquí _____[1] (yo) en un hotel en Madrid. _____[2] las 11:00 de la

noche y _____[3] cansada. Madrid no _____[4] como Salamanca,

pero las dos ciudades _____[5] muy bonitas. Ayer conocí a Héctor, el hermano de

Sara, que vive aquí en la capital. Él _____[6] músico y tiene un taller[a] de guitarras

que _____[7] en el centro de la ciudad. La música _____[8] muy

importante en España así que yo _____[9] contenta porque a mí me encanta escuchar

ritmos diferentes. Mañana salgo de regreso para los Estados Unidos; mi reservación de avión

_____[10] para las 7:00 de la mañana. _____[11] muy nerviosa, pues

no me queda mucho tiempo y todavía no he hecho las maletas…

Va a _____[12] difícil regresar a la universidad. Bueno, sé que (tú)

_____[13] muy ocupada con tus estudios también, pero así _____[14]

la vida de todos los estudiantes. Cuídate mucho.

Abrazos,

Laura

[a]*workshop*

B. **Noticias culturales**   Cada jueves Sara se dedica a promocionar en la radio las actividades culturales hispanas que se realizan en la universidad. Complete la siguiente promoción con la forma apropiada de **ser** o **estar.**

Buenas tardes, amigos. Este fin de semana tenemos dos funciones[a] impresionantes que

demuestran la gran variedad y riqueza de la cultura española. Llegan a esta universidad el

famoso Paco de Lucía y el renombrado grupo de baile de José Greco. Sí, parece increíble, pero

_____[1] cierto. El concierto de Paco de Lucía _____[2] el próximo

viernes, a las 7:00 de la noche, y _____[3] en el Teatro Principal de la escuela de

música. Para los que no lo sepan, Paco de Lucía _____[4] el mejor guitarrista de

flamenco del mundo, en mi modesta opinión. _____[5] originario de España, pero

ahora vive en Nueva York, porque _____[6] realizando una gira[b] por los Estados

Unidos. Nosotros _____[7] muy afortunados de tenerlo aquí.

[a]*performances*   [b]*tour*

(continúa)

La presentación del grupo de baile de José Greco _____8 en el salón de ballet Pavlova, en la Escuela de Bellas Artes. _____9 el sábado, a las 8:00 de la noche. El grupo _____10 dirigido por José Greco, el famoso bailarín de música folclórica española. Él dice que _____11 de Grecia, pero los españoles dicen que, por el espíritu con que baila, tiene que _____12 de España. Va a _____13 una presentación increíble y sugiero que no se la pierdan. Yo, desde luego,c pienso _____14 allí.

cdesde... *of course*

C. **Las indicaciones de Javier** Javier le explica a un nuevo empleado de Ruta Maya qué debe hacer cuando cierra el café a las 2:00 de la mañana. Llene los espacios en blanco con la forma apropiada del participio pasado.

1. Debe estar seguro de que todos los aparatos eléctricos están _____ (apagar).

2. Las sillas deben estar _____ (poner) encima de las mesas.

3. Debe tener el dinero _____ (guardar) en la caja fuerte (*safe*).

4. Las puertas y las ventanas deben estar _____ (cerrar) con llave.

5. Todos los recibos (*receipts*) deben estar _____ (organizar).

D. **Descripciones de personas o de situaciones** Llene el primer espacio en blanco con la forma apropiada de **ser** o **estar.** En el segundo espacio, dé la forma apropiada del participio pasado o del adjetivo **-ante/-ente,** según el contexto.

1. Sara no _____ _____ (relajado / relajante) porque tiene muchos exámenes esta semana.

2. Las Islas Galápagos _____ _____ (fascinado / fascinante) para Laura.

3. Pasar las vacaciones en Cancún _____ muy _____ (relajado / relajante).

4. Diego _____ _____ (preocupado / preocupante) porque Cristina no lo llamó anoche.

5. Perder un documento _____ muy _____ (frustrado / frustrante).

6. Los amigos _____ _____ (emocionado / emocionante) porque van al campo el sábado.

7. [*impersonal*] _____ _____ (deprimido / deprimente) que haya tantos problemas en el mundo actual.

8. Laura _____ _____ (deprimido / deprimente) porque Manuel no puede visitarla.

9. La cantidad de café que consumen los clientes _____ _____ (sorprendido / sorprendente).

10. Javier _____ _____ (frustrado / frustrante) porque no tiene suficiente tiempo libre para escribir el artículo para el periódico.

❖**E. Un personaje fascinante**

Paso 1   Lea la descripción de Ana y del papel televisivo que ella representa.

Ana Mari Quesada es cubana y llegó recientemente a los Estados Unidos. Ella es una amiga de Javier que trabaja en el mundo televisivo. Aparece de vez en cuando en una telenovela venezolana. Su papel actual es el de una escritora muy inteligente pero súper despistada y algo presumida. Tiene 55 años pero se viste como una joven de 20; va muy a la moda, tiene el pelo teñido de un rojo intenso y cinco aretes en cada oreja, habla por los codos y fuma como una chimenea. Javier dice que, en realidad, Ana Mari es una mujer bastante conservadora.

Paso 2   Ahora, en otro papel o a computadora, escriba un párrafo de 50 a 75 palabras que describa a una persona interesante que Ud. conozca. Incluya características físicas y personales en su descripción.

C **Comparación**

COMPARAR

A. Personas distintas   Haga comparaciones entre las cinco personas que se ven a continuación. Utilice la palabra entre paréntesis y el símbolo de igualdad o desigualdad para hacer su comparación. **¡OJO!** Para el número 8 haga una comparación superlativa sobre Pedro.

Marcos

Pedro

Manolo

Flor

Bárbara

1.   Flor **/** Bárbara (tiquismiquis) −

_____

2.   Marcos **/** Manolo (problemas) =

_____

3.   Flor **/** Manolo (fumar) +

_____

4.   Marcos **/** Bárbara (culto) −

_____

5.   Pedro **/** Bárbara (estudiar) =

_____

(*continúa*)

6. Pedro **/** Marcos (ambición) +

_____

7. Bárbara **/** Pedro (testarudo) =

_____

8. Pedro **/** Marcos **/** Manolo (conservador) + +

_____

❖**B. El/La más impresionante de todos**   ¿Qué sabe Ud. de los siguientes lugares, cosas o personas? Escriba dos comparaciones en las que Ud. exprese su opinión sobre los elementos de cada grupo.

MODELO: (grande) Sevilla **/** Madrid **/** Salamanca →
Sevilla es más grande que Salamanca. Madrid es la ciudad más grande de las tres.

1. (alucinante) arte de Picasso **/** arte de Dalí **/** arte de Andy Warhol

_____

_____

2. (talentoso) Jennifer López / Christina Aguilera / Shakira

_____

_____

3. (emocionante) el día del *Super Bowl* **/** el Cuatro de Julio **/** el Año Nuevo

_____

_____

4. (testarudo) Javier **/** Laura **/** Sara

_____

_____

C. **Entre las tres**   Haga una comparación superlativa entre dos de las personas o cosas indicadas a continuación.

1. Javier tiene 15 primos, Sara tiene 23 y Diego tiene 35. La familia de Diego es

_____

2. La madre de Javier tiene 57 años, la de Laura tiene 54 y la de Sergio tiene 50. La madre de

Sergio es _____

3. Javier corrió la carrera en 30 minutos, Sergio en 35 y Diego en 42. El tiempo de Javier es

_____

4. En Ruta Maya venden muchos productos populares: 200 tazas de café cada día, 50 empanadas

y 100 licuados. El café es _____

D. Nuestro grupo de amigos   Una amiga soltera quiere salir con uno de sus nuevos amigos. Quiere saber cuál de los tres le gustaría más. Para ayudarla, haga seis comparaciones entre los tres chicos que se presentan a continuación.

MODELO: Sergio pesa menos que Javier pero más que Diego.

	JAVIER	SERGIO	DIEGO
altura	6'	6'3"	5'9"
peso	170 libras	185 libras	145 libras
edad	28	29	32
dinero	$2.000,00	$2.000,00	$25.000,00
carácter	chistoso, encantador	chistoso, despistado	culto, tiquismiquis

1. Javier **/** Sergio (altura) _____
2. Sergio **/** Diego (peso) _____
3. Javier **/** Diego (carácter) _____
4. Diego **/** Javier (edad) _____
5. Javier **/** Sergio (dinero) _____
6. Javier **/** Sergio (carácter) _____

E. Dos culturas diferentes   Lea la siguiente carta de Nicolás, un amigo de Sara, en la que le cuenta a su madre cómo es su vida de estudiante en los Estados Unidos. Luego, complete las comparaciones que aparecen a continuación, según la carta.

Querida mamá:

¡Hola! ¿Cómo estás? Yo estoy bien por aquí, pero os echo de menos[1] a todos. Mis estudios van muy bien, aunque son muy duros y casi no tengo tiempo para divertirme. Sólo salgo un ratito los viernes o los sábados por la noche. Aquí no es como en España. Los bares y las discotecas cierran muy temprano. No puedo quedarme bailando hasta las 5:00 de la mañana como en Salamanca. Y claro, echo de menos el tiempo que puedo pasar con la familia cuando estoy allí. Aquí sólo tengo a mis amigos, y ellos siempre están tan ocupados como yo. Por ejemplo, casi nunca como con mi compañero de cuarto y si cenamos juntos, él prefiere ver la televisión en vez de hablar conmigo.

Hablando de comida, cuánto me gustaría comer un buen cocido madrileño. Aquí hay buena comida, pero no hay comparación. No te preocupes, lo que dicen por ahí de la comida estadounidense no es verdad. No comen sólo hamburguesas; hay mucha comida saludable aquí también. Y otra cosa interesante es que a los estudiantes les encanta hacer ejercicio, no como a mis amigos de Salamanca, que prefieren tomar un café y charlar. De hecho, yo no he engordado ni un kilo desde que llegué. Bueno, mamá, te mando un abrazo fuerte y saludos a toda la familia.

Besotes[2] de Nicolás

[1]*I miss you all*   [2]*Big kisses*

1. En los Estados Unidos, los bares y las discotecas cierran _____ (temprano) en Salamanca.

2. En los Estados Unidos, Nicolás se siente _____ (solo) en España.

3. A Nicolás le gusta la comida española _____ la comida estadounidense.

4. A Nicolás la comida estadounidense le parece _____ (saludable) la española.

(*continúa*)

5. Ahora, Nicolás está _____ (delgado) cuando llegó a los Estados Unidos.

6. El compañero de cuarto de Nicolás es _____ (hablador) él.

¿CÓMO LE VA CON ESTOS PUNTOS CLAVE?

META COMUNICATIVA	PUNTOS CLAVE	VERY WELL	SOMEWHAT WELL	NOT WELL
D DESCRIBIR Descripción	**ser** vs. **estar**	☐	☐	☐
	agreement	☐	☐	☐
C COMPARAR Comparación	Comparing things that are equal	☐	☐	☐
	Comparing things that are unequal	☐	☐	☐
	Comparing with numbers	☐	☐	☐

LOS OTROS PUNTOS CLAVE

Besides the practice with the principle **Puntos clave** of each chapter, you will find short exercises with all of the other **Puntos clave** so that you continue to practice and recycle all **7 metas comunicativas.**

P PASADO

A. Narración en el pasado

Paso 1   Complete el siguiente párrafo con el pretérito o el imperfecto del verbo entre paréntesis.

Hace tres años, Laura _____[1] (ir) a visitar a Sara en España. Sara

_____[2] (tener) muchas ganas de mostrarle su país a su amiga norteamericana.

Laura y Sara _____[3] (pasar) cinco semanas visitando varias ciudades. A Laura le

_____[4] (encantar) todo lo que _____[5] (ver). _____[6]

(Sentirse) muy afortunada de tener una guía personal. A Laura siempre le _____[7]

(haber) interesado las fiestas de España y como _____[8] (ser) agosto, Sara

_____[9] (saber) exactamente a qué fiesta llevar a su amiga. _____[10]

(Ser) así cómo las dos amigas _____[11] (llegar) a Buñol.

❖ **Paso 2**   Mire los siguientes dibujos que muestran lo que le pasó a Laura cuando Sara la llevó a la Tomatina en Buñol. Vea unos posibles verbos que forman la columna de la historia (los eventos concretos que avanzan la narración) y unos posibles verbos que forman la carne de la historia (que añaden información de fondo, descripciones y emoción). Luego escoja por lo menos cuatro verbos de cada categoría, conjugándolos y poniéndolos en el orden que Ud. los va a usar para contar la historia. Siga el modelo.

COLUMNA		CARNE	
asustarse	reírse	divertirse	llevar ropa bonita
llegar	tirar(se)*	estar emocionadas	querer participar
entrar	pegar	estar sorprendida	ser las 10:00 de la mañana
empezar		haber mucha gente	ser las 12:00
		hacer buen tiempo	

*tirarse—*to throw at one another*

¡OJO! Los verbos posibles son solo ideas y algunos pueden usarse en el pretérito o el imperfecto, según el contexto.

LA COLUMNA (PRETÉRITO)	LA CARNE (INPERFECTO)
llegaron	*estaban emocionados*
entraron	*hacía buen tiempo*

 ❖ **Paso 3** Con los verbos que apuntó en el **Paso 2,** escriba en otro papel o a computadora una narración de lo que pasó. No se olvide de incluir conectores para que su historia fluya mejor.

cuando, mientras	por eso
entonces	sin embargo
primero, luego, después, finalmente	

❖**B. Reacciones y recomendaciones** Lea los siguientes datos sobre la capital de España. Luego, reaccione y hágales recomendaciones a los turistas que piensen visitar Madrid algún día.

- En cuanto al número de taxis que tiene, Madrid es la ciudad número dos del mundo después de El Cairo. Madrid tiene 15.500 taxis oficiales.
- Hay más de 17.000 bares en Madrid. Entre ellos hay bares antiguos, cafés elegantes y *pubs* irlandeses.
- Los madrileños comen más tarde que cualquier otra gente en Europa. Almuerzan a las 2:30 de la tarde y es normal entrar a un restaurante para cenar a las 10:00 de la noche.
- Madrid tiene tres de los mejores museos de arte del mundo: el Museo del Prado, el Museo Centro de Arte Reina Sofía y el Museo Thyssen-Bornemisza.
- Después de Guayaquil, Ecuador, Madrid es la ciudad más verde del mundo. Hay más de 200.000 árboles en sus calles y plazas y más de medio millón de árboles en sus parques.

(continúa)

1. Es increíble que _____

2. Sugiero que los amantes del arte _____

3. Es impresionante que _____

4. Me parece excesivo que _____

5. Es obvio que _____

6. Recomiendo que los turistas _____

G **C. Hablar de los gustos y las opiniones**   Escriba oraciones completas, según las indicaciones.
GUSTOS

1. María **/** encantar **/** la barba de su novio

   _____

2. los estudiantes **/** fastidiar **/** los profesores despistados

   _____

3. la gente joven **/** gustar **/** los tatuajes

   _____

4. muchas personas **/** interesar **/** los libros sobre los ricos y famosos

   _____

5. la madre **/** preocupar **/** la actitud negativa de su hija

   _____

H **D. Hacer hipótesis**   Complete las siguientes oraciones para explicar lo que haría cada persona.
HIPÓTESIS

1. Si Alejandro se hiciera muchos tatuajes en el cuerpo, sus padres _____ (estar)

   preocupados porque su hijo _____ (tener) problemas en conseguir un trabajo

   en el futuro.

2. Si Sara saliera con una persona tacaña, no _____ (comer) en un restaurante

   elegante porque esta persona no _____ (pagar) su parte.

3. Si quisieran ir a la moda, los estudiantes _____ (comprar) su ropa en Banana

   Republic o Gap porque no les _____ (costar) mucho.

4. Si Cristina viera en la calle a una persona con mala pinta, _____ (tener)

   mucho miedo y _____ (correr).

F **E. Hablar del futuro**   Escriba tres oraciones para explicar qué cosas hará
FUTURO Héctor para cambiar su apariencia física antes de su entrevista con Intel.
Use el futuro en sus oraciones.

   MODELO: (cortarse) → Héctor se cortará el pelo.

1. (afeitarse) _____

2. (comprar[se]) _____

3. (no llevar) _____

F. **Traducción**   Traduzca las siguientes oraciones al español.

1. Javier likes working at Ruta Maya because he is charming and talkative.

    _____

    _____

2. When Diego was young he was stingy, but now he spends more than $2,000 a year buying clothes.

    _____

    _____

LOS OTROS PUNTOS GRAMATICALES

In this part of each chapter of this *Workbook / Laboratory Manual,* you will have the opportunity
to work with some of the six other grammar points that are not specifically connected to the
7 metas comunicativas. These include work with prepositions, reflexive pronouns, relative
pronouns, *saber* and *conocer, por* and *para,* and subjunctive in adjectival clauses. You will find
grammar explanations for these at the end of the purple pages in the main text.

A. **Por/Para**   Complete las oraciones con **por** o **para,** según el contexto. Vea la
explicación para los usos de **por** y **para** en las páginas moradas bajo el título
Los otros puntos gramaticales.

El año pasado, Sara y Laura viajaron desde Madrid a Buñol _____¹

tren _____² asistir a la fiesta La Tomatina. Llegaron a Buñol _____³

la mañana y fueron directamente al centro del pueblo. Las calles estaban

llenas de gente preparándose _____⁴ la fiesta. Laura nunca había oído nada de la fiesta;

_____⁵ eso se sorprendió cuando la gente empezó a tirarse tomates. _____⁶ una extranjera

como Laura, esa costumbre era muy rara, pero al final empezó a disfrutar del evento y al final le

agradeció a Sara _____⁷ haberla llevado a La Tomatina.

B. **Preposiciones**   Complete las oraciones con la preposición apropiada (**a, con, de, en, por**). Vea
las páginas moradas bajo el título **Los otros puntos gramaticales** para repasar las reglas para las
preposiciones. **¡OJO!** Uno quedará en blanco.

1. Sara y Laura acaban _____ convencerle a Diego a tomar clases de tango y lo invitaron

    _____ practicar con ellas todos los lunes.

2. La madre de Javier quiere _____ tener a sus hijos cerca de ella. Por eso insiste _____

    que Javier regrese a Puerto Rico.

3. Si Diego se entera de que Cristina sale _____ otro hombre, se enojará por que está

    enamorado ella.

4. Laura siempre trata _____ llamar a su padre todas las semanas porque le encanta estar

    enterado de todo lo que está pasando _____ la vida de su hija.

◉ PRÁCTICA ORAL

❖ Trabalenguas

Lea y escuche las siguientes oraciones. Va a oír las oraciones dos veces. Repita cada una después de oírla la segunda vez.

1. Diana Dorada es **más divertida** y **menos despistada que** su hermano Donaldo.

2. Pablo Prieto y Paula Palenque **pasaron** parte del semestre en Puerto Rico con el profesor Paco Prados Palacios.

3. Sebastián Salgado siempre sugiere que los estudiantes más sobresalientes **se sienten** en las sillas de atrás.

4. **A** Gustavo no **le gustan** los gatos glotones de Gloria.

5. Si **fuera** Federico, **formaría** una federación para fortalecer las fuerzas armadas.

María Metiche

P
PASADO

Escuche lo que dice María de lo que oyó ayer mientras tomaba café. Luego, escriba por lo menos cuatro oraciones para explicar cómo se conocieron los cinco amigos. María va a usar el pretérito para marcar el avance de la acción y el imperfecto para hacer descripciones de fondo.

_____

_____

_____

_____

_____

_____

Vocabulario del tema

¿Cómo respondería Ud.? Escuche cada oración y escriba la letra de la respuesta más apropiada en el espacio en blanco correspondiente. (Las respuestas se dan en el programa auditivo.)

1. _____
   a. Tiene buena pinta.
   b. Las apariencias engañan.
   c. Es buena gente.

2. _____
   a. ¡Qué pesado es!
   b. No tiene pelos en la lengua.
   c. Me llevo bien con él.

3. _____
   a. ¡Qué tacaño!
   b. ¡Qué caro es!
   c. Por eso.

4. _____
   a. No, me cae muy mal.
   b. Sí, lleva patillas.
   c. Sí, me molesta mucho.

5. _____
   a. Canta muy bien.
   b. Es muy tímido.
   c. Habla por los codos.

Puntos clave

D
DESCRIBIR

A. Sergio y Sara Escuche cada oración sobre las primeras impresiones que Sergio y Sara le causaron a María Metiche. Luego, escriba el nombre de la persona descrita (Sergio o Sara) e indique si Ud. está de acuerdo (Sí) o no (No) con la descripción.

	SÍ	NO
1. _____	☐	☐
2. _____	☐	☐
3. _____	☐	☐
4. _____	☐	☐
5. _____	☐	☐

B. Dictado Escuche la siguiente serie de oraciones. Va a oír cada oración dos veces. Mientras Ud. escucha la segunda vez, escriba lo que oiga. Luego, identifique cuál de las metas comunicativas se representa en cada oración. Puede escuchar las oraciones más de una vez, si quiere.

Metas comunicativas: **D** DESCRIBIR **C** COMPARAR **P** PASADO **R** RECOMENDAR/REACCIONAR **G** GUSTOS **H** HIPÓTESIS **F** FUTURO

1. _____

   _____

2. _____

   _____

3. _____

   _____

4. _____

   _____

5. _____

Para escuchar mejor: Los gitanos (*gypsies*) de España

ANTES DE ESCUCHAR

❖**A.** **Anticipar la información** Ud. va a escuchar parte de una conferencia sobre los gitanos en España. Antes de escuchar, piense en todo lo que Ud. sepa o haya oído sobre los gitanos e indique si está de acuerdo (Sí) o no (No) con las siguientes afirmaciones.

	SÍ	NO
1. Ya no existen gitanos en el mundo moderno.	☐	☐
2. Casi todos los gitanos modernos, como los gitanos de antes, son nómadas.	☐	☐
3. La mayoría de los gitanos vive en las ciudades.	☐	☐
4. Hay muchos prejuicios en contra de los gitanos.	☐	☐
5. En su mayoría, los gitanos son pobres y no tienen educación formal.	☐	☐
6. Los gitanos de España hablan sólo español.	☐	☐
7. La música de los gitanos es la base del flamenco.	☐	☐

B. **Vocabulario en contexto** Escuche las siguientes tres oraciones tomadas de la conferencia. Después de oír cada una dos veces, escriba el número que oiga en la oración.

1. _____ 2. _____ 3. _____

¡A ESCUCHAR!

A. **Comprensión** Ahora, escuche la conferencia sobre los gitanos. Luego, indique si las siguientes oraciones son ciertas (C) o falsas (F), según lo que Ud. oyó en la conferencia.

	C	F
1. Ya no existen gitanos en el mundo moderno.	☐	☐
2. Casi todos los gitanos modernos, como los gitanos de antes, son nómadas.	☐	☐
3. La mayoría de los gitanos vive en las ciudades.	☐	☐
4. Hay muchos prejuicios en contra de los gitanos.	☐	☐
5. En su mayoría, los gitanos son pobres y no tienen educación formal.	☐	☐
6. Los gitanos de España hablan sólo español.	☐	☐
7. La música de los gitanos es la base del flamenco.	☐	☐

❖**B.** **¡Apúntelo!** Ahora, vuelva a escuchar la conferencia. Tome apuntes en otro papel o a computadora, organizando sus apuntes según las siguientes categorías.

1. cuándo llegaron
2. dónde viven
3. tipos de prejuicios que sufren
4. aspectos característicos de su cultura
5. contribución a la cultura española
6. otros apuntes

❖**C.** **En resumen** Ahora, en otro papel o a computadora, haga un breve resumen del contenido de la conferencia, basándose en lo que Ud. escuchó y en sus apuntes.

> For more resources and practice with the vocabulary, grammar, and culture presented in this chapter, check out Connect Spanish (**www.connectspanish.com**).

CAPÍTULO 2

PRÁCTICA ESCRITA

Vocabulario del tema

A. Lo contrario Escriba la letra de cada palabra de la columna B que corresponda a la palabra opuesta de la columna A.

A		B
1. _____ obedecer		a. regañar
2. _____ inquieto/a		b. quedarse (*to stay*)
3. _____ alabar		c. decepcionado/a
4. _____ rebelde		d. descendientes
5. _____ mudarse		e. sumiso/a
6. _____ pésimo/a		f. maravilloso/a
7. _____ antepasados		g. rebelarse
8. _____ orgulloso/a		h. bien educado/a
9. _____ travieso/a		i. unido/a
10. _____ disfuncional		j. tranquilo/a

B. Mi madrastra Complete la siguiente narración con la(s) palabra(s) apropiada(s), según el contexto.

No puedo quejarme de mi madrastra porque es una persona muy comprensiva. Aunque yo

_____[1] (comparto / extraño) a mi madre desde que ella se _____[2]

(mudó a / quedó en) España, me alegro de que la nueva esposa de mi padre _____[3]

(sea / esté) tan buena gente. Todo el mundo piensa que las madrastras _____[4]

(tratan mal / apoyan) a sus hijastros. Sin embargo, mi madrastra siempre me _____[5]

(cuida / soportar) y trata de _____[6] (apoyarme / regañarme). A ella le importa

mucho que vivamos todos en armonía.

C. Ampliación léxica

Paso 1 Lea las siguientes palabras y escriba el sustantivo y el verbo relacionados con los últimos dos adjetivos de la lista.

SUSTANTIVOS	VERBOS	ADJETIVOS
el apoyo	**apoyar**	apoyado/a
el castigo	**castigar**	castigado/a
la exigencia	exigir	**exigente**
el orgullo	enorgullecerse	**orgulloso**/a
la queja	**quejarse**	**quejón**/quejona
_____ 1	_____ 2	**comprensivo**/a
_____ 3	_____ 4	**protector**/a

Paso 2 Lea el siguiente párrafo sobre las relaciones entre Laura y su madrastra. Mientras lee, indique si los espacios en blanco requieren un sustantivo (S), un verbo (V) o un adjetivo (A), según el contexto, y escriba la letra S, V o A correspondiente. Luego, llene cada espacio en blanco con la palabra apropiada de la lista del **Paso 1.**

Cuando mi padre se casó con mi madrastra, fue difícil para mí aceptarla. En primer lugar ella

_____ (S / V / A)[1] mucho en cuanto a las tareas domésticas y el comportamiento.

(Yo) esperaba el _____ (S / V / A)[2] y la comprensión de mi padre contra las

ideas de mi madrastra. Pero él no prestó atención a mis _____ (S / V / A).[3] No

podía contar con[a] él para _____ me (S / V / A)[4] de mi madrastra. Pero pocos

años después, empecé a apreciar lo que mi madrastra me había enseñado y hoy en día me siento

muy _____ (S / V / A)[5] de ella.

[a]contar... *to count on*

D. ¿Cuál no pertenece? Indique la palabra que no pertenece a cada serie de palabras. Luego, escriba una oración para explicar o mostrar por qué.

1. rebelde, travieso, sumiso, malcriado

   _____

2. alabar, castigar, regañar, quejarse

   _____

3. abierta, comprensiva, mandona, cariñosa

   _____

4. hermanastro, medio hermano, hermano, padrastro

   _____

5. desilusiones, malentendidos, quejas, esperanzas

   _____

6. inquieto, asimilado, aislado, rechazado

   _____

D ❖**E.** **Oraciones compuestas**

DESCRIBIR

Paso 1 Invente una oración sobre cada categoría indicada a continuación, utilizando adjetivos y un conector de la siguiente lista.

MODELO: la hija única →
Guillermina es hija única y es egoísta, ya que siempre ha sido muy mimada.

ADJETIVOS		CONECTORES
cariñoso/a	mandón/mandona	además
egoísta	mimado/a	por eso
entrometido/a	protector(a)	por lo tanto
estable	rebelde	porque
exigente	sano/a	sin embargo
insoportable	unido/a	ya que

1. las familias grandes _____

2. los adolescentes _____

3. los gemelos _____

4. las madrastras _____

F. **Los pronombres relativos: Definiciones**

Paso 1 Complete cada oración con el pronombre relativo apropiado. Luego, escriba la palabra definida de la siguiente lista. Vea la explicación de los pronombres relativos en las páginas moradas bajo el título **Los otros puntos gramaticales.**

alabar	aislado	la hija adoptiva	mimada
la brecha generacional	el gemelo	la madrastra	regañar

cuyo/a/os/as	lo que	que	quien

1. Es _____ hacen los padres cuando están muy orgullosos de sus hijos.

   _____

2. Es la persona _____ está casada con mi padre, pero no es mi madre.

   _____

3. Es una persona _____ hermano/a nació el mismo día que él/ella.

   _____

4. Es algo _____ causa conflictos entre personas nacidas en distintas épocas.

   _____

5. Es _____ se siente cuando no pertence a ningún grupo ni comunidad.

   _____

6. Es una niña _____ padres no son sus padres naturales.

   _____

7. Es _____ hace un padre cuando está enojado con sus hijos.

   _____

8. Es una palabra _____ describe a una persona _____ padres

   le dan todo lo que quiere. _____

Paso 2 Escriba una definición para las siguientes palabras del **Vocabulario del tema.**

1. los malos modales _____

2. extrañar _____

3. desafiante _____

Puntos clave

Pista caliente If you find you are having difficulty with a particular grammar point, review the appropriate grammar explanation(s) found in the purple pages near the back of the main text.

PRÁCTICA DE FORMAS VERBALES

A. **Práctica de conjugación**   Complete la siguiente tabla con las conjugaciones apropiadas de los verbos indicados.

	PRESENTE DE INDICATIVO	PRETÉRITO/ IMPERFECTO	PRESENTE PERFECTO	FUTURO/ CONDICIONAL	PRESENTE DE SUBJUNTIVO	PASADO DE SUBJUNTIVO
1. **asimilarse (yo)**				*me asimilaré* _____	*me asimile*	*me asimilara*
2. **mantenerse en contacto (nosotros)**					*nos mantengamos en contacto*	*nos mantuviéramos en contacto*
3. **quejarse (ella)**						
4. **mudarse (tú)**						
5. **pertenece (ie, i) (ellos)**						
6. **castigar (yo)**						

B. Traducciones: Obedecerlo Traduzca las siguientes oraciones. Recuerde utilizar los pronombres de complemento directo e indirecto siempre que sea posible.

MODELOS: Send it to him (**tú**). → Mándaselo.
Don't send it to him (**tú**). → No se lo mandes.
I'm sending it to him. → Se lo estoy mandando. / Estoy mandándoselo.
We want to send it to you (**Ud.**). → Se lo queremos mandar. / Queremos mandárselo.
She had already sent it. → Ya se lo había mandado.

obedecer

1. They obey him. _____

2. They are obeying him. _____

3. They obeyed him. _____

4. They used to obey him. _____

5. They have obeyed him. _____

6. They had always obeyed him. *Siempre lo habían obedecido.*

7. They will obey him. _____

8. They would obey him. *Lo obedecerían.*

9. It's good that they obey him. _____

10. It was good that they obeyed him. *Era bueno que lo obedecieran.*

11. Obey him (**tú**). _____

12. Don't obey him (**Uds.**). _____

13. Let's obey him. _____

P LOS PUNTOS CLAVE PRINCIPALES: NARRACIÓN EN EL PASADO

PASADO

A. Los usos del pretérito y del imperfecto Use la siguiente tabla para completar los **Pasos 1** y **2**. ¡OJO! Hay más de una respuesta posible en algunos casos.

		USOS DEL PRETÉRITO Y DEL IMPERFECTO	
pretérito	a.	completed action	**Fui** al concierto.
	b.	completed actions in succession	Se **levantó, comió** y se **fue.**
	c.	completed action within a specific time period	**Estudié** por dos horas anoche.
	d.	summary or reaction statement	**Fue** un verano perfecto.
imperfecto	e.	progression of an action with no focus on the beginning or end	Lo **leía** con gran interés. Mientras su padre **trabajaba…**
	f.	habitual action	Siempre **comía** rápidamente.
	g.	description of physical and emotional states, including past opinions and desires	**Era** tímido, **tenía** miedo de todo y **quería** escaparse.
	h.	background information such as time, weather, and age	**Eran** las 2:00 de la tarde y ya **hacía** frío.

(continúa)

Paso 1   Lea la siguiente historia sobre una visita al barrio puertorriqueño de Nueva York. Llene los espacios en blanco con la letra (a–h) que corresponde al uso del pretérito o del imperfecto de cada verbo indicado. Los primeros dos espacios ya se han llenado como modelos.

El año pasado, Javier *hizo* ___*a*___[1] un viaje para asistir a la famosa «Parada puertorriqueña», una celebración histórica de la identidad puertorriqueña en la ciudad de Nueva York. Javier *quería* ___*g*___[2] escribir un artículo sobre la cultura «nuyorican» de los puertorriqueños habitantes de la «Gran Manzana». Varios días antes de la parada, Javier *fue* _____[3] directamente al Bronx. El ambiente *era* _____[4] celebratorio; todo el mundo *se preparaba* _____[5] para el día de la parada. En los próximos días, *visitó* el Museo del Barrio, *escuchó* «poetry slams» emocionantes en el Nuyorican Poets' Café y *comió* _____[6] comida típica exquisita en La Fonda Boricua. Javier no *podía* _____[7] creer la riqueza de la cultura puertorriqueña en el barrio. De no ser[a] por el estilo de los edificios, el transporte subterráneo y la falta de palmas, habría jurado[b] que *estaba* _____[8] en la Isla. Por fin *llegó* _____[9] el día de la parada. Las calles *estaban* _____[10] tan llenas que casi no *se podía* _____[11] caminar. *Eran* _____[12] las 10:00 de la mañana cuando Javier *se paró* _____[13] en una esquina para ver pasar la parada. *Había* _____[14] flotes con bandas que *tocaban* _____[15] salsa y hombres y mujeres que *bailaban* _____[16]. *Pasaron* _____[17] hombres vestidos de vejigantes[c] y mujeres en faldas largas de diferentes colores. Javier *estaba* _____[18] muy emocionado al ver la celebración. *Fue* _____[19] un viaje estupendo para él.

[a]De… *If it hadn't been for*   [b]habría… *he would have sworn*   [c]*clown-like characters with brightly colored masks*

Paso 2   Ahora, complete el siguiente párrafo con la forma apropiada del pretérito o imperfecto, según lo indicado por las letras de la tabla.

Hace cinco años, Sara _____[1] (conocer: a) a un chico alemán que _____[2] (estudiar: e) en los Cursos Internacionales para Extranjeros en Salamanca. Sara _____[3] (conocer: g) a la familia con quien _____[4] (quedarse: e) Hans. Él _____[5] (ser: g) muy tímido, y aunque _____[6] (querer: g) aprender español, no _____[7] (querer: g) practicarlo con la familia. No _____[8] (poder: g) abrir la boca porque le _____[9] (dar: e) vergüenza. Sara _____[10] (enterarse: a) de que su prima Luisa, una chica guapa de la edad de Hans, _____[11] (asistir: e) a la universidad de Salamanca. _____[12] (Saber: g) que Luisa le caería bien a Hans. Sara los _____[13] (presentar: a) y a Hans le _____[14] (caer: a) bien Luisa. _____[15] (Querer: g) invitarla a salir y para hacerlo _____[16] (tener: a) que hablar español. ¡Y así _____[17] (resolverse: d) el problema!

B. Los verbos especiales Complete el siguiente diálogo con la forma apropiada del pretérito o del imperfecto.

LAURA: Ayer _____[1] (saber) que Cristina y Diego estaban juntos de nuevo.

No _____[2] (saber) que pensaban reanudar[a] sus relaciones.

JAVIER: Sí, tú sabes que Diego no _____[3] (poder) aguantar la vida sin Cristina.

Cuando ella lo llamó para invitarlo a salir, él no _____[4] (poder) decir que no.

LAURA: Pues, hace unos meses, ellos no _____[5] (querer) ni verse. Una vez traté

de juntarlos para que hablaran de sus problemas, pero no _____[6] (querer).

JAVIER: Laura, no te metas en los asuntos de otros…

LAURA: Sí, tienes razón, Javi. Que lo arreglen ellos. Oye, me encanta tu chaleco. ¿Es boliviano?

¿Dónde lo conseguiste?

JAVIER: En Tesoros. Es peruano y estaba de rebaja. Sólo _____[7] (costar) $30,00.

Diego también _____[8] (tener) unos nuevos de Guatemala, pero

_____[9] (costar) $80,00 y yo no _____[10] (querer) gastar

tanto. Pero _____[11] (conocer) a la artesana que los hace; Diego la trajo

para que diera una demostración de su trabajo.

[a]*resuming*

C. ¿Cuánto tiempo hace que… ? Traduzca las siguientes frases usando **hace… que.**

1. How long have you attended this university?

_____

2. Laura went to Ecuador six years ago.

_____

3. I finished my homework two hours ago.

_____

4. We have been working on this project for three hours, and we still haven't finished.

_____

5. Laura had been living in Ecuador for nine months when she met Manuel.

_____

D. Narración en el pasado

Paso 1 Complete el siguiente párrafo con el pretérito o el imperfecto del verbo entre paréntesis. **¡OJO!** Jacobo es el hermano de Javier.

Javier _____[1] (tener) una relación muy especial con su abuela. Ella

_____[2] (ser) la persona que le _____[3] (aconsejar) y lo

_____[4] (ayudar) a resolver los problemas. Javier no _____[5]

(saber) cómo, pero su abuela siempre _____[6] (tener) una solución. Así

_____[7] (pasar) una vez cuando Javier _____[8] (tener) 7 años.

Jacobo lo _____[9] (meter) en problemas, pero su abuela _____[10]

(poder) consolarlo.

❖**Paso 2** Mire los siguientes dibujos que muestran lo que le pasó a Javier cuando tenía 7 años. Vea unos posibles verbos que forman la columna de la historia (los eventos concretos que avanzan la narración) y unos posibles verbos que forman la carne de la historia (que añaden información de fondo, descripciones y emoción). Luego escoja por lo menos cuatro verbos de cada categoría, conjugándolos y poniéndolos en el orden que Ud. los va a usar para contar la historia.

Vocabulario útil: la pelota; el vaso de cristal

COLUMNA		CARNE	
acusar	empezar	estar aburrido	llorar
caerse	enojarse	estar apenado	ser comprensiva
consolar	llorar	no poder creer	tener ganas de
decidir	romper(se)	jugar	tener miedo

¡OJO! Los verbos posibles son sólo ideas y algunos pueden usarse en el pretérito o el imperfecto, según el contexto.

COLUMNA (PRETÉRITO)   CARNE (INPERFECTO)

_____   _____

_____   _____

_____   _____

_____   _____

❖**Paso 3** Con los verbos que apuntó en el **Paso 2,** escriba en otro papel o a computadora una narración de lo que pasó. No se olvide de incluir conectores para que su historia fluya mejor.

cuando, mientras	primero, luego,	por eso
entonces	después, finalmente	sin embargo

E. Mi mejor amigo se ha ido   Complete el párrafo con la forma apropiada del presente perfecto.

Últimamente, he estado pensando mucho en mi mejor amigo, José Luis. Él y su familia

_____[1] (mudarse) a California y no lo veo mucho. Él y yo

_____[2] (ser) buenos amigos desde el primer grado y

_____[3] (vivir) muchas aventuras juntos. José Luis

_____[4] (comportarse) conmigo como un hermano más que como un

amigo. Juntos, _____[5] (ir) a ver películas extranjeras, una de nuestras

pasiones, y hasta _____[6] (llegar) a filmar nuestra propia película en

vídeo. Yo _____[7] (estar) un poco deprimido desde que él se fue. Creo

que lo llamaré hoy. ¿_____[8] (Tener) tú un buen amigo así?

F. Sofía es demasiado atrevida   Complete el párrafo con la forma apropiada del presente perfecto.

Mi amiga Sofía _____[1] (poner) un anuncio en una página Web,

buscando un novio famoso. Ella cree que es una idea divertida, pero yo creo que ella

_____[2] (abrir) una caja de Pandora. Desde que la conozco, Sofía

_____[3] (hacer) locuras así. Es una mujer súper extrovertida y no tiene

miedo de nada. Ella _____[4] (escribir) cartas de amor a las estrellas de

cine y les _____[5] (mandar) prendas de ropa interior. También

_____[6] (componer) piezas de música para tratar de vendérselas a

cantantes como Shakira y Cristina Aguilera. Hasta yo la _____[7] (ver)

en un concierto de Ricky Martin, subirse al escenario y cantar con él. En mi opinión, ella

_____[8] (romper) con todas las reglas de la decencia. Siempre le

_____[9] (decir) que algún día se va a arrepentir, pero no me escucha.

No sé qué va a ser de ella.

¿CÓMO LE VA CON ESTOS PUNTOS CLAVE?

META COMUNICATIVA	PUNTOS CLAVE	VERY WELL	SOMEWHAT WELL	NOT WELL
P PASADO Narración en el pasado	Preterite verb forms	☐	☐	☐
	Uses of the preterite	☐	☐	☐
	Imperfect verb forms	☐	☐	☐
	Uses of the imperfect	☐	☐	☐

LOS OTROS PUNTOS CLAVE

D
DESCRIBIR

A. Descripción Complete lo que dice Diego de los padres de familia con la forma apropiada de cada palabra indicada. Cuando **ser** y **estar** aparezcan juntos, escoja el verbo apropiado y conjúguelo en el presente de indicativo.

Los padres de familia han cambiado mucho en los últimos años. Sin embargo, creo que las familias

_____[1] (tradicional) tienen sus ventajas.[a] Los padres _____[2]

(conservador) a menudo _____[3] (ser/estar) _____[4] (exigente),

pero esto no quiere decir que no comprendan a _____[5] (su) hijos. De hecho,

una madre _____[6] (liberal) puede _____[7] (ser/estar) tan

_____[8] (entrometido) como una madre _____[9] (conservador), y una

madre _____[10] (estricto) todavía puede tener relaciones _____[11]

(amistoso) con _____[12] (su) hijos. Es decir, creo que la personalidad del padre o

de la madre determina las relaciones que tiene con _____[13] (su) hijos más que los

valores _____[14] (fundamental) que profesa.

[a]*advantages*

C
COMPARAR

B. Comparación Utilice la información de la siguiente tabla para hacer comparaciones, según las indicaciones. Las últimas dos son superlativas.

	EDAD	NÚMERO DE HIJOS	SUELDO ANNUAL	ESTADO DE ÁNIMO EN ESTOS DÍAS
Lola	25	2	$55.000	contenta
Juan	25	2	$48.000	contento
Verónica	23	0	$55.000	inquieta

1. Juan **/** Verónica (edad)

_____

2. Lola **/** Verónica (hijos)

_____

3. Juan **/** Lola (estado de ánimo)

_____

4. Lola **/** Verónica (ganar dinero)

_____

5. Juan **/** Lola (ganar dinero)

_____

6. Juan **/** Lola (hijos)

_____

7. Lola **/** Juan **/** Verónica (estado de ánimo)

_____

8. Lola **/** Juan **/** Verónica (edad)

_____

C. Reacciones y recomendaciones

REACCIONAR
R
RECOMENDAR

Paso 1   El subjuntivo   Complete el siguiente párrafo con la forma apropiada de los verbos entre paréntesis.

A muchos inmigrantes les preocupa que sus hijos y nietos _____[1] (perder) contacto

con su cultura étnica y temen que _____[2] (poder) americanizarse demasiado en

los Estados Unidos. A menudo, los adolescentes quieren _____[3] (tener) más libertad,

mientras que sus padres insisten en que _____[4] (pasar) mucho tiempo en familia

y que _____[5] (asistir) a todas las reuniones familiares. En cuanto a la lengua, para

algunos inmigrantes es importante que sus hijos o nietos _____[6] (mantener) el uso

del español. Otros prefieren que los jóvenes _____[7] (hablar) sólo inglés para

asimilarse más rápidamente. Pero está claro que cada familia _____[8] (pasar)

por un período de ajuste, y los expertos recomiendan que todos _____[9] (tener)

paciencia y comprensión durante la transición. Es esencial que los padres y los hijos

_____[10] (ser) conscientes de la importancia de apoyarse en el proceso de

acostumbrarse a una nueva vida.

Paso 2   Los mandatos   Complete las siguientes oraciones con los mandatos que un abuelo dominicano les da a sus dos nietas dominicanoamericanas.

1. «Licia, no _____ (ser) tan egoísta; _____ (pasar) más tiempo

    con tu familia.»

2. «Paloma, _____ (tener) más paciencia con tus abuelos; no _____

    (ser) tan mandona.»

3. «Licia, _____ (obedecer) a tus padres y _____ (no quejarse)

    de tus estudios.»

4. «Licia y Paloma, _____ (venir) a visitarme más a menudo; no

    _____ (salir) con sus amigos los fines de semana.»

5. «Mis nietas queridas, _____ (pensar) en su futuro; _____

    (aprender) a hablar bien el español.»

G
GUSTOS

D. Hablar de los gustos y las opiniones   Describa los gustos de cada persona, según las indicaciones. Luego, complete la oración que sigue.

1. Laura **/** caer bien **/** todos sus primos menos uno

    _____

    Pienso que este primo _____

    _____

2. los padres de Diego **/** no interesar **/** el dinero que gana su hijo

    _____

    Sus padres no creen que _____

(continúa)

3. la madre de Javier **/** molestar **/** la falta de comunicación con sus hijos

_____

Javier piensa que _____

4. mis hermanos y yo **/** fastidiar **/** los nombres tontos

_____

No creemos que _____

H **E. Hacer hipótesis** Complete las siguientes oraciones con la forma apropiada del verbo entre paréntesis

HIPÓTESIS para saber qué le dijo a Javier su madre durante su visita. Para el número 6, invente otra cosa que dijo la madre de Javier, utilizando las otras oraciones como modelo.

1. Si compartieras más tus pensamientos con tu familia, nosotros _____

(entenderte) mejor.

2. Si tú _____ (llamarme) más, yo no te regañaría tanto.

3. Si fueras menos rebelde, nosotros _____ (llevarse) mejor.

4. Si nosotros _____ (estar) juntos en Puerto Rico, tendríamos menos problemas

de comunicación.

5. Si tú _____ (conseguir) un puesto con una compañía en San Juan, yo estaría

muy orgullosa.

❖6. Si _____

_____

F **F. Hablar del futuro**

FUTURO **Paso 1** Llene los espacios en blanco con la forma correcta del futuro.

Cuando yo tenga nietos, _____¹ (ser/estar) el mejor abuelo del mundo. Les

_____² (comprar) muchos regalos y los _____³ (llevar) al cine.

Juntos _____⁴ (ir: nosotros) a la playa cuando haga calor y a las montañas

cuando caiga nieve. Si uno de mis nietos tiene una discusión con sus padres, él siempre

_____⁵ (poder) hablar conmigo y yo le _____⁶ (dar)

buenos consejos. Para que mis nietos sepan más sobre la historia de su familia, nosotros

_____⁷ (investigar) la vida de nuestros antepasados en la biblioteca. Claro, mis

nietos _____⁸ (tener) modales perfectos, así que también, tan pronto como les

interese, los _____⁹ (invitar) a comer en los mejores restaurantes de la ciudad.

¡Qué bien lo _____¹⁰ (pasar) nosotros!

Paso 2: Desafío   Complete las oraciones con la forma correcta del presente del subjuntivo.

1. Cuando yo _____ (tener) 70 años, espero tener muchos nietos.

2. Para que mis nietos me _____ (conocer) si viven lejos, les mandaré muchos correos electrónicos.

3. Antes de que yo _____ (morirme), quiero viajar a todos los continentes del mundo con mis nietos.

4. Con tal de que ellos _____ (comportarse) bien, podré llevarlos a muchos sitios.

5. A menos que nosotros no _____ (llevarse bien), lo pasaremos de maravilla.

G. **Traducción**   Traduzca las siguientes oraciones al español.

1. Although Javier loves having a close-knit family, he wants his mother to be less meddlesome.

   _____

2. It's not a good idea to give your child a tacky name. Don't do it (**Ud.**)!

   _____

LOS OTROS PUNTOS GRAMATICALES

A. **Los pronombres reflexivos y recíprocos**   La abuela de Diego y Sergio era muy sabia y les daba muchos consejos cuando ellos eran pequeños. Haga mandatos informales afirmativos o negativos, según las indicaciones, para saber algunos de los consejos que les daba. Vea la explicación para los pronombres reflexivos y recíprocos en las páginas moradas bajo el título **Los otros puntos gramaticales.**

1. Diego, _____ (no deprimirse). La vida es corta.

2. Sergio, _____ (ponerse) un suéter. Hace frío.

3. Muchachos, _____ (no asustarse). Los monstruos no existen.

4. Niños, _____ (acostarse) temprano. Es necesario dormir bien.

5. Sergio, _____ (no perderse). Sigue las direcciones que te di.

6. Niños, _____ (reírse) más. Así no se entristecen.

7. Diego, _____ (divertirse). Vivirás más tiempo si disfrutas de la vida.

B. **Por/Para**   Complete las oraciones con **por** o **para**, según el contexto. Vea la explicación para los usos de **por** y **para** en las páginas moradas bajo el título **Los otros puntos gramaticales.**

_____[1] ser un buen padre trato de pasar _____[2] lo menos una hora con mis hijos cada día entre semana. _____[3] mí, es muy difícil pasar tiempo con ellos _____[4] las mañanas porque salgo _____[5] la oficina a las 6:30. _____[6] eso, cada noche, sin falta, les leo _____[7] media hora y _____[8] supuesto pasamos tiempo juntos a la hora de cenar.

❖Reciclaje del vocabulario y los puntos clave

Mamá   Escriba una oración sobre el concepto de la madre para cada meta comunicativa. Puede basarse en la tira cómica o puede usar sus propias ideas. Use una palabra de la lista en cada oración. Tres de las ocho oraciones deben ser preguntas. ¡Sea creativo/a!

bruto/a
chistoso/a
despistado/a
los lentes
llevarse bien/mal con

meter la pata
parecerse a
preocupante
rizado/a
el rostro

serio/a
verse

-Esta es la señora que ocupaba la cama contigua a la mia en maternidad.   COSPER

D
DESCRIBIR
1.   descripción: _____

C
COMPARAR
2.   comparación: _____

P
PASADO
3.   narración en el pasado: _____

REACCIONAR
R
RECOMENDAR
4.   reacción: _____

REACCIONAR
R
RECOMENDAR
5.   recomendación: _____

G
GUSTOS
6.   hablar de los gustos y las opiniones: _____

H
HIPÓTESIS
7.   hacer hipótesis: _____

F
FUTURO
8.   hablar del futuro: _____

✳ Prueba diagnóstica: Capítulos 1 y 2

SÍNTESIS

¿CÓMO LE VA CON LAS SIETE METAS COMUNICATIVAS?

Paso 1   Escoja la(s) palabra(s) apropiada(s), según el contexto. (15 puntos)

1.   Es importante que Sara _____ este año.

    a.   se gradúe   b.   se graduará   c.   se gradúa

2.   Este año los dueños de Ruta Maya han ganado más dinero _____ el año pasado.

    a.   como   b.   de   c.   que

3.   Si yo _____ Sergio, me mudaría a Los Ángeles.

    a.   sería   b.   era   c.   fuera

4. Los padres de Laura prefieren que ella no _____ al Ecuador.

   a. se mude   b. se mudará   c. se muda

5. Cuando Sara _____ de su trabajo, tomará un café y empezará a estudiar.

   a. vuelve   b. vuelva   c. volverá

6. Javier _____ muy nervioso durante su entrevista con el jefe de la revista *Lectura*.

   a. estaba   b. era   c. fue

7. Cristina no _____ con otros hombres, si Diego le prestara más atención.

   a. saldrá   b. saldría   c. sale

8. La presentación sobre Picasso _____ en el auditorio que _____ al lado del estadio.

   a. será/está   b. estará/está   c. estará/es

9. A Sergio y a Diego _____ encanta _____.

   a. le/jugar al fútbol   b. les/el fútbol   c. les/los partidos de fútbol

10. Mientras Laura _____ la cena anoche, Manuel la _____ desde el Ecuador.

    a. preparó/llamó   b. preparó/llamaba   c. preparaba/llamó

11. El hermano de Javier gana más _____ 100.000 dólares al año.

    a. que   b. como   c. de

12. Con tal de que haya suficiente dinero, los dueños de Ruta Maya _____ un nuevo patio.

    a. construirían   b. construirán   c. construyeron

13. A los vecinos _____ molesta _____ que hay en el barrio a causa de la popularidad del café.

    a. les/los clientes ruidosos   b. les/la basura   c. le/el tráfico

14. Esta noche, la paella no _____ muy buena aunque normalmente _____ deliciosa.

    a. está/es   b. es/es   c. es/está

15. Cuando Sara _____ a casa, Laura _____ las galletas que acababan de comprar.

    a. llegaba/comía   b. llegó/comió   c. llegó/comía

Paso 2   Llene el espacio en blanco con el artículo definido o la forma apropiada de la palabra indicada, según el contexto. (7 puntos)

1. _____ flores que ponen en las mesas del café son _____ (bonito).

2. _____ actividades culturales que presentan en Ruta Maya son

   _____ (variado).

3. Todos los miembros de la familia de Javier son _____ (extrovertido).

4. Me gustan _____ poemas sobre _____ crisis mundial.

Paso 3   Traduzca la siguiente oración al español. (3 puntos)

Sara hopes that her sister visits her more than once this year.

⊙ PRÁCTICA ORAL

❖Trabalenguas

P PASADO Lea y escuche las siguientes oraciones. Va a oír las oraciones dos veces. Repita cada una después de oírla la segunda vez.

1. Susana **era** una señora insoportable, pero siempre **se portaba** súper bien con su sobrino.
2. Mi madre **mimaba** mucho a Maribel, mi media hermana, porque **era** muy mona.
3. Quiela **se quejó** cuando el quiosco en la esquina **cerró** a las cinco.
4. Tu tío Tomás **tenía** tanto talento como tu tía Talía, pero no **tocaba** el tambor como lo **tocaba** ella.
5. Elena **estaba** estudiando para el examen de economía europea cuando Eloisa **entró.**

María Metiche

P PASADO Escuche lo que dice María Metiche de la visita de la Sra. de Mercado. Luego, escriba cinco oraciones sobre lo que pasó (pretérito) durante su visita a Austin y tres oraciones sobre lo que sentían Javier y su madre (imperfecto). Recuerde que María va a usar el pretérito para marcar el avance de la acción y el imperfecto para hacer descripciones de fondo.

PRETÉRITO

1. _____
2. _____
3. _____
4. _____
5. _____

IMPERFECTO

6. _____
7. _____
8. _____

Vocabulario del tema

¿Cómo es?   Escuche las siguientes oraciones y luego escriba la forma apropiada del adjetivo que mejor describa a la persona que habla. Va a escuchar las oraciones dos veces. **¡OJO!** No se usan todas las palabras. (Las respuestas se dan en el programa auditivo.)

cursi	educado	estricto	presumido	sumiso
despistado	envidioso	grosero	rebelde	tacaño

1. _____

2. _____

3. _____

4. _____

5. _____

6. _____

7. _____

Puntos clave

P PASADO

F FUTURO

A. Diego y Cristina   Escuche cada oración sobre Diego y Cristina. Luego, indique si el verbo expresa una idea en el presente, pasado o futuro. (Las respuestas se dan en el programa auditivo.)

	PRESENTE	PASADO	FUTURO
1.	☐	☐	☐
2.	☐	☐	☐
3.	☐	☐	☐
4.	☐	☐	☐
5.	☐	☐	☐
6.	☐	☐	☐

B. Dictado   Escuche la siguiente serie de oraciones. Va a oír cada oración dos veces. Mientras Ud. escucha la segunda vez, escriba lo que oiga. Luego, identifique cuál de las metas comunicativas se representa en cada oración. Puede escuchar las oraciones más de una vez, si quiere.

Metas comunicativas: **D** DESCRIBIR   **C** COMPARAR   **P** PASADO   **R** REACCIONAR RECOMENDAR   **G** GUSTOS   **H** HIPÓTESIS   **F** FUTURO

1. _____

_____

2. _____

_____

3. _____

_____

4. _____

_____

5. _____

_____

Para escuchar mejor: El estatus especial de Puerto Rico

ANTES DE ESCUCHAR

❖ **A. Anticipar la información**   Ud. va a escuchar parte de una conferencia sobre la situación político-cultural de Puerto Rico. Antes de escuchar, piense en todo lo que Ud. sepa o haya oído de Puerto Rico e indique si está de acuerdo (Sí) o no (No) con las siguientes afirmaciones.

	SÍ	NO
1. Puerto Rico es un país independiente.	☐	☐
2. La moneda que usan en la Isla es el peso.	☐	☐
3. El idioma oficial de Puerto Rico es el español.	☐	☐
4. Los puertorriqueños no pueden servir en el ejército de los Estados Unidos.	☐	☐
5. Los puertorriqueños no pagan impuestos federales de los Estados Unidos.	☐	☐

B. Vocabulario en contexto: Dictado   Escuche las siguientes tres oraciones tomadas de la conferencia. Mientras escucha la segunda vez, escriba lo que oiga. Puede escuchar las oraciones más de una vez, si quiere.

1. _____

2. _____

3. _____

C. Preparación histórica   Lea esta breve historia sobre la presencia estadounidense en Puerto Rico como preparación para escuchar la conferencia.

En 1898 Puerto Rico pasó a pertenecer a[1] los Estados Unidos, ya que España perdió esa colonia en la Guerra Hispanoamericana. En aquel momento, la Isla era bastante pobre, con altos niveles de mortalidad infantil y una gran falta de comida. Durante la primera parte del siglo XX, casi todo en la Isla estaba controlado por los Estados Unidos. El gobernador era estadounidense, estaba prohibido usar la bandera puertorriqueña y el idioma oficial en las escuelas era el inglés. En 1917, se concedió la ciudadanía estadounidense a los puertorriqueños, principalmente porque los Estados Unidos necesitaba más soldados para luchar en la Primera Guerra Mundial. En 1952, Puerto Rico se convirtió en Estado Libre Asociado, posición que mantiene hasta hoy en día.

[1]pasó... *became part of*

¡A ESCUCHAR!

A. Comprensión   Ahora, escuche la conferencia sobre la actual situación social, económica y política de Puerto Rico. Luego, conteste las siguientes preguntas según lo que Ud. oyó en la conferencia.

1. ¿Es Puerto Rico un país independiente?

_____

2. ¿Qué tipo de moneda se usa en Puerto Rico?

_____

3. ¿Cuál es el idioma oficial de Puerto Rico?

_____

4. ¿Qué indica la conferencia en cuanto al derecho de los puertorriqueños a servir en el ejército de los Estados Unidos?

_____

5. ¿Necesitan los puertorriqueños una visa especial para trabajar y vivir en los Estados Unidos?

_____

6. ¿Los puertorriqueños prefieren ser independientes o prefieren ser un estado de los Estados Unidos?

_____

❖B. **¡Apúntelo!**   Ahora, vuelva a escuchar la conferencia. Tome apuntes en otro papel o a computadora, organizando sus apuntes según las siguientes categorías.

1. situación política
2. opiniones diversas sobre la situación política (a., b., c.)
3. situación económica
4. situación cultural

❖C. **En resumen**   Ahora, en otro papel o a computadora, haga un breve resumen del contenido de la conferencia, basándose en lo que Ud. escuchó y en sus apuntes.

For more resources and practice with the vocabulary, grammar, and culture presented in this chapter, check out Connect Spanish (**www.connectspanish.com**).

CAPÍTULO 3

PRÁCTICA ESCRITA

Vocabulario del tema

A. Lo contrario Escriba la letra de la palabra de la columna B que corresponda a la palabra opuesta de la columna A.

A

1. _____ el fracaso
2. _____ emocionado/a
3. _____ pasajero/a
4. _____ salir con
5. _____ querer
6. _____ harto/a
7. _____ halagado/a
8. _____ genial
9. _____ cauteloso/a
10. _____ apasionado/a

B

a. atrevido/a
b. odiar
c. decepcionado/a
d. el éxito
e. horrible
f. aburrido/a
g. duradero/a
h. romper con
i. satisfecho/a
j. deprimido/a

B. ¿Cuál no pertenece? Indique la palabra que no pertenece a cada serie de palabras. Luego, escriba una oración para explicar o mostrar por qué no pertenece.

1. extrañar, regañar, querer, ser fiel

_____

2. maravilloso, dañino, exitoso, genial

_____

3. discutir, regañar, dejar plantado, coquetear

_____

4. abrazar, discutir, piropear, soñar con

_____

5. apenada, halagada, harta, deprimida

_____

C. Ampliación léxica

Paso 1 Lea las siguientes palabras y escriba el verbo y adjetivo relacionados con los últimos tres sustantivos de la lista.

SUSTANTIVOS	VERBOS	ADJETIVOS
la confusión	confundirse	**confundido/a**
la depresión	deprimirse	**deprimido/a**
el susto	asustarse	**asustado/a**
la vergüenza	avergonzarse	**avergonzado/a**
la alegría	_____ [1]	_____ [2]
el enojo	_____ [3]	_____ [4]
la pérdida	_____ [5]	_____ [6]

Paso 2 Lea el siguiente párrafo sobre unos minutos de pánico que sufrió Laura cuando asistía a un concierto con un chico muy guapo. Mientras lee, indique si los espacios en blanco requieren un sustantivo (S), un verbo (V) o un adjetivo (A), según el contexto, y escriba la letra S, V o A correspondiente. Luego, llene cada espacio en blanco con la palabra apropiada de la lista del **Paso 1.**

Hace cinco años sufrí un _____ (S / V / A)[1] inolvidable durante un concierto al que asistía con Julio, un chico muy guapo y genial. Quince minutos después de que empezó el concierto, sentí la necesidad de ir al baño. Esperé media hora más porque me daba _____ (S / V / A)[2] decirle a Julio que tenía que salir. Por fin, se lo dije y salí para el baño. Cuando quise regresar, me quedé totalmente _____ (S / V / A)[3] porque no recordaba por qué puerta había salido y no sabía mi número de asiento. Había más de 20.000 personas en el concierto y no tenía la más mínima idea de dónde estaba Julio. Pasé unos minutos de pánico porque estaba _____ (S / V / A).[4] No te puedes imaginar la _____ (S / V / A)[5] que sentí cuando Julio vino a buscarme. ¡Qué buen hombre era Julio, de veras! Nunca _____ (S / V / A)[6] conmigo aquella noche.

D. Vocabulario en contexto   Complete cada oración con la forma correcta de la palabra más apropiada.

1. Normalmente, cuando una persona mete la pata se siente muy _____ (asustado / avergonzado).

2. La otra noche, cuando Diego _____ (piropear / dejar plantado) a Cristina, ella se puso rabiosa.

3. Unas relaciones tempestuosas muchas veces son _____ (dañino / exitoso).

4. A menudo las personas divorciadas no quieren volver a casarse porque tienen miedo de tener otro _____ (éxito / fracaso).

5. El piropo es una manera muy hispana de _____ (coquetear / regañar).

E. **¿Cómo se sienten los cinco amigos hoy?**   Complete las oraciones que describen los siguientes dibujos. Use **está** o **se siente** con un adjetivo de la lista.

apenado   asustado   confundido
sorprendido   cansado   enojado

1. Diego _____ porque

    esta mañana hizo demasiado ejercicio.

2. Laura _____ porque no

    entiende el mensaje que le dejó Sara.

3. Sara _____ porque

    acaba de ver una rata en la cocina.

4. Javier _____ porque

    ha perdido sus apuntes para el artículo

    que estaba escribiendo.

5. Sergio _____ porque

    acaba de encontrar una cucaracha en

    su taco.

6. Sara _____ porque

    Laura se comió la última galleta.

❖ **F.** **Oraciones compuestas** Escriba cuatro oraciones sobre el pasado que contrasten los usos del pretérito y el imperfecto utilizando elementos de cada columna, como en el modelo.

yo	abrazar *to hug* *to marry*	por eso *therefore*
tú	casarse (con)	sin embargo *however* *therefore*
mi (ex-) novio/a	coquetear *to flirt* *get in trouble*	por lo tanto *therefore in addition*
mi amigo/a (nombre)	meterse en líos	además *also*
mis padres	discutir *to argue*	ya que *already*
mi hermano/a	divorciarse *to divorce*	porque *because*
¿ ?	querer *to want*	

MODELO: Mis tíos siempre discutían; por eso, el año pasado se divorciaron.

1. _____

2. _____

3. _____

4. _____

Puntos clave

Pista caliente If you find you are having difficulty with a particular grammar point, review the appropriate grammar explanation(s) found in the purple pages near the back of the main text.

PRÁCTICA DE FORMAS VERBALES

A. **Práctica de conjugación** Complete la siguiente tabla con las conjugaciones apropiadas de los verbos indicados.

	PRESENTE DE INDICATIVO	PRETÉRITO/ IMPERFECTO	PRESENTE PERFECTO	FUTURO/ CONDICIONAL	PRESENTE DE SUBJUNTIVO	PASADO DE SUBJUNTIVO
1. **discutir (tú)**						*discutieras*
2. **merecer (nosotros)**						

(continúa)

	PRESENTE DE INDICATIVO	PRETÉRITO/ IMPERFECTO	PRESENTE PERFECTO	FUTURO/ CONDICIONAL	PRESENTE DE SUBJUNTIVO	PASADO DE SUBJUNTIVO
3. **ponerse (ella)**						*se pusiera*
4. **soñar (yo)**						
5. **odiar (ellos)**						
6. **romper (Ud.)**						

B. Traducciones: Dejarlo plantado Traduzca las siguientes oraciones. Recuerde utilizar los pronombres de complemento directo e indirecto siempre que sea posible. Vea los modelos y preste atención a la colocación de los pronombres y acentos escritos.

MODELOS: Send it to him (**tú**). → Mándaselo.
Don't send it to him (**tú**). → No se lo mandes.
I'm sending it to him. → Se lo estoy mandando. / Estoy mandándoselo.
We want to send it to you (**Ud.**). → Se lo queremos mandar. / Queremos mandárselo.
She had already sent it. → Ya se lo había mandado.

1. We stand him up. _____

2. We are standing him up. _____

3. We stood him up. _____

4. We used to stand him up. _____

5. We have stood him up. _____

6. We had stood him up. *Lo habíamos dejado plantado.* _____

7. We will stand him up. _____

8. We would stand him up. _____

9. It's a shame that we (are going to) stand him up. _____

_____

10. It was a shame that we stood him up. *Era una lástima que lo dejáramos plantado.*

11. Stand him up (**tú**). _____

12. Don't stand him up (**Uds.**). _____

13. Let's stand him up. _____

LOS PUNTOS CLAVE PRINCIPALES: REACCIONES Y RECOMENDACIONES

REACCIONAR
R
RECOMENDAR

El subjuntivo

A. Una visita

Paso 1 Complete el siguiente párrafo con la forma apropiada del subjuntivo, indicativo o infinitivo de cada verbo. Cuando **ser** y **estar** aparezcan juntos, escoja el verbo apropiado y conjúguelo en la forma apropiada.

Irene, la prima de Sara, quiere visitarla en el verano. Sara teme que la visita le _____[1]

(causar) problemas porque la última vez que se vieron, pasaron una semana entera peleándose.

Por lo general _____[2] (llevarse) bien, pero si _____[3] (ser/estar)

juntas demasiado tiempo, puede ser un desastre. Es posible que Laura la _____[4]

(ayudar) a entretener a su prima, pero Sara duda que _____[5] (ser/estar) posible

complacerla.[a] Javier recomienda que Irene _____[6] (ir) con Sergio a los conciertos

durante los fines de semana y que durante la semana _____[7] (pasar) su tiempo

libre con él en Ruta Maya. Allí conocerá a mucha gente interesante. A pesar de[b] estas sugerencias,

Sara no cree que _____[8] (haber) ninguna posibilidad de que la visita de Irene

_____[9] (ser/estar) agradable.

[a]*to please her*   [b]*A... In spite of*

❖**Paso 2** ¿Qué otras actividades recomienda Ud. que Sara planee para su prima? Escriba dos oraciones completas.

_____

_____

_____

_____

_____

_____

B. Nuevas responsabilidades

Paso 1 Complete el siguiente párrafo con la forma apropiada del subjuntivo, indicativo o infinitivo de cada verbo. Cuando **ser** y **estar** aparezcan juntos, escoja el verbo apropiado y conjúguelo en la forma apropiada.

Los dueños de Ruta Maya quieren que Javier

_____[1] (encargarse) de[a] los

entretenimientos[b] que ofrecen en el café cada

fin de semana. Prefieren que él

_____[2] (contratar) grupos

que toquen música latina porque quieren

que su clientela _____[3]

(conocer) esa música. Además, creen que

_____[4] (ser/estar) importante

darles una oportunidad a esos músicos. Es conveniente que su amigo Sergio _____[5]

(tener) muchos contactos en el mundo

de la música latina. Es probable que Javier le _____[6] (pedir) ayuda a su amigo.

Ruta Maya no es un lugar muy grande. Por eso es necesario _____[7] (traer) grupos

como Correo Aéreo que no ocupen mucho espacio.

Recientemente muchos de los restaurantes mexicanos de Austin han contratado conjuntos que

_____[8] (tocar) música entre las 8:00 y las 11:00 de la noche los fines de semana.

Es evidente que este tipo de entretenimiento _____[9] (aumentar[c]) la calidad del

ambiente de estos lugares. Sean y Marisol, los dueños de Ruta Maya, saben que es importante

que su café _____[10] (ofrecer) todo lo necesario para hacer que el ambiente

_____[11] (ser) agradable. Además, ellos están contentos de que a Javier le

_____[12] (gustar) la idea de hacerse cargo de[d] esta responsabilidad.

[a]encargarse... *to take charge of* [b]*entertainment* [c]*to increase* [d]hacerse... *taking charge of*

❖**Paso 2** ¿Piensa Ud. que es una buena idea que los cafés ofrezcan música en vivo durante los fines de semana? ¿Por qué sí o por qué no?

_____

_____

_____

_____

_____

_____

_____

❖**C. La brecha generacional**   Complete las siguientes oraciones sobre varios aspectos de su vida. Primero explique lo que algunas personas desean para Ud. y luego dé su propia opinión y/o reacción.

1. mi educacíon: Mis padres (hijos, abuelos,…) quieren que yo _____,

    pero yo quiero _____

    porque _____

2. mi carrera profesional: Mis padres (hijos, abuelos,…) sugieren que yo _____.

    Sin embargo, yo espero _____

    ya que _____

3. mis novios/as: A mis padres (hijos, abuelos,…) no les gusta que _____,

    pero a mí me gusta _____

    puesto que _____

4. mi manera de vestirme: Mis padres (hijos, abuelos,…) prefieren que yo _____,

    pero yo prefiero _____

    Por eso, _____

❖**D. Reacciones y recomendaciones**   Lea el siguiente artículo. Luego, use las expresiones de la lista para expresar sus reacciones.

Los católicos no deben casarse en Disneyworld, según la diócesis

WASHINGTON, EU,[1] 9 de diciembre (ANSA). Los católicos deben abstenerse de casarse en Disneyworld, según una decisión de la diócesis de Orlando, que sostuvo[2] que el matrimonio es algo serio y no debe celebrarse en un centro de juegos.

«El matrimonio es un sacramento —declaró Sor[3] Lucy Vásquez, vocera[4] de la diócesis— y debe ser celebrado en la iglesia.» Los sacerdotes[5] católicos fueron por lo tanto invitados a no participar en los ritos organizados por Walt Disney en el «palacio de los matrimonios».

Las «bodas de fábula a la americana»[6] son una de las atracciones lanzadas[7] por Disney en su parque de diversiones en Orlando.

La mayoría de las iglesias protestantes firmaron una convención[8] que autoriza a los sacerdotes a celebrar matrimonios en el pabellón[9] de Disneyworld.

Una ceremonia para pocos íntimos vale 2.500 dólares, pero quien paga 20 mil dólares tiene derecho a un banquete para un centenar de[10] invitados frente al Castillo de la Cenicienta,[11] con música y fuegos artificiales.

La novia es llevada hasta el sacerdote en la carroza[12] de Cenicienta y las alianzas[13] son custodiadas[14] en una cajita de vidrio[15] con forma de zapatito.

En 1996, casi 1.700 parejas se casaron de este modo. Sin embargo, la Iglesia Católica no se adhirió a[16] la convención y hoy confirmó la prohibición.

[1]*Estados Unidos* [2]*upheld* [3]*Sister* [4]*spokeswoman* [5]*priests* [6]*bodas… American-style fantasy weddings* [7]*launched* [8]*agreement* [9]*pavilion* [10]*un… cien* [11]*Cinderella* [12]*coach* [13]*wedding rings* [14]*guardadas* [15]*cajita… little glass box* [16]*no… did not follow*

(continúa)

(No) Creo que	Es chistoso que	Es importante que	(No) Me gusta que
Es bueno/malo que	Es evidente que	Es ridículo que	Pienso que

1. _____

2. _____

3. _____

4. _____

5. _____

E. **Desafío** Cambie las siguientes oraciones al pasado. Preste atención especial al uso del pasado de subjuntivo.

MODELO: Es necesario que las bodas se tomen en serio. →
Era necesario que las bodas se tomaran en serio.

1. El sacerdote recomienda que la pareja no se case en Disneyworld.

_____

2. Pero la novia insiste en que se haga la boda de sus sueños.

_____

3. Ella quiere que el novio se ponga un traje de príncipe.

_____

4. Para ella es importante que salgan en la carroza de Cenicienta.

_____

5. El novio no piensa que los deseos de la novia sean importantes.

_____

6. Dudamos que este matrimonio tenga futuro.

_____

Los mandatos

A. **No sea tan formal** Cambie los siguientes mandatos formales por mandatos informales. Use el pronombre del complemento directo en cada uno de ellos.

MODELO: Recoja sus libros. → Recógelos.

1. Busque el equilibrio. _____

2. Cuide las amistades. _____

3. Encuentre su media naranja. _____

4. Tome riesgos. _____

5. Respete el compromiso. _____

6. Diga piropos. _____

B. ¡Qué pesado! Escriba la forma negativa de los siguientes mandatos.

MODELO: Sé bueno. → No seas bueno.

1. Sé comprensivo. _____

2. Cómprale más regalos. _____

3. Alaba a tu pareja. _____

4. Cásate con ella. _____

5. Dales buenos consejos. _____

6. Ponte serio. _____

C. Suavizar (*Soften*) el mandato Cambie los siguientes mandatos a oraciones con cláusulas subordinadas con el subjuntivo. Use los verbos de la lista en la cláusula principal.

esperar   querer (ie)
pedir (i)   recomendar (ie)
preferir (ie)   rogar (ue)

MODELO: Habla más conmigo. → Te pido que hables más conmigo.

1. Termina tu tarea ahora. _____

2. Visita a tus abuelos. _____

3. Comparte la pizza con tu hermano. _____

4. Múdate inmediatamente. _____

5. No castigues al niño. _____

6. Llámalos pronto. _____

7. No te quejes. _____

❖**D. ¿Qué hacer?** Un psicólogo ofrece consejos para tener relaciones románticas exitosas. Complete las siguientes oraciones con mandatos formales. Trate de usar palabras del **Vocabulario del tema** del **Capítulo 3** de su libro de texto.

MODELO: Si sus padres son demasiado estrictos, (decirles) → dígales que deben ser menos protectores.

1. Si quiere llevarse bien con su pareja, (ser)

_____

2. Si quiere mimar a su novio/a, (comprarle)

_____

3. Si extraña a su pareja cuando está lejos, (mandarle)

_____

4. Si tiene un suegro / una suegra (*father/mother-in-law*) insoportable, (tratar de)

_____

5. Si su suegro/a habla por los codos, (no llamarlo)

_____

6. Si su pareja coquetea con otra persona, (romper con)

_____

E. **Sea más directo** Cambie las siguientes oraciones a mandatos informales. Cuando el objeto directo o indirecto esté **en negrita,** tiene que cambiarlo al pronombre del objeto directo o indirecto, según corresponda, y colocarlo en la posición correcta.

MODELO: Es necesario que lo hagas antes de las 2:00. Hazlo antes de las 2:00.

1. Prefiero que salgas ahora mismo.

   _____

2. Es importante que lleves **el traje gris** a la fiesta.

   _____

3. Te pido que confíes en mí.

   _____

4. No quiero que coquetees más.

   _____

5. No recomiendo que dejes plantado **a tu amigo.**

   _____

6. No queremos que mimes **a tu novio.**

   _____

¿CÓMO LE VA CON ESTOS PUNTOS CLAVE?

META COMUNICATIVA	PUNTOS CLAVE	VERY WELL	SOMEWHAT WELL	NOT WELL
REACCIONAR **R** RECOMENDAR Reacción y recomendación	Subjunctive verb forms	☐	☐	☐
	Key expressions that require subjunctive	☐	☐	☐

LOS OTROS PUNTOS CLAVE

D
DESCRIBIR

A. Descripción Complete cada oración con la forma apropiada de **ser** o **estar** y del adjetivo indicado.

1. Hace poco, las amigas de Laura _____ (ser/estar) _____ (asustado) porque Laura no contestó el teléfono durante una semana entera.

2. Los libros de amor que Sara leyó cuando _____ (ser/estar) adolescente eran _____ (chistoso).

3. Sugiero que los novios _____ (ser/estar) menos _____ (celoso).

4. Todos los pensamientos _____ (ser/estar) _____ (compartido) entre las almas gemelas.

C
COMPARAR

B. Comparación Use el adjetivo que está entre paréntesis para hacer una comparación entre las personas de cada grupo.

1. Michelle Obama **/** Laura Bush **/** Hillary Rodham Clinton (conservador)

_____

2. Bill Gates **/** Donald Trump (egoísta)

_____

3. Carrie Underwood **/** Adele **/** Jennifer Lawrence (exitoso)

_____

P
PASADO

C. Narración en el pasado: Una cita a ciegas (*blind*)

Paso 1 Complete el siguiente párrafo con el pretérito, el imperfecto o el pluscuamperfecto del verbo entre paréntesis.

Hace algunos años, Sergio _____[1] (salir) con una chica muy

simpática que _____[2] (conocer) en su clase de mercadeo.

_____[3] (Tener: ellos) unas relaciones bastante agradables, pero cuando

ella _____[4] (graduarse), _____[5] (conseguir)

un puesto excelente en California. Desde entonces Sergio no ha salido mucho. El otoño pasado

Sara _____[6] (querer) presentarle a una amiga catalana, Lola,

que _____[7] (estudiar) con ella en comunicaciones, pero Sergio

_____[8] (estar) tan ocupado con su trabajo que no

_____[9] (poder) salir con ella. Pero finalmente, después de la Navidad,

Sara lo _____[10] (convencer) de que saliera con Lola en una cita a

ciegas. ¡Desafortunadamente, la cita _____[11] un fracaso total!

❖**Paso 2** Mire los siguientes dibujos que muestran lo que le pasó a Sergio la primera y última vez que aceptó una cita a ciegas. Vea unos posibles verbos que forman la columna de la historia (los eventos concretos que avanzan la narración) y unos posibles verbos que forman la carne de la historia (que añaden información de fondo, descripciones y emoción). Luego escoja por lo menos cuatro verbos de cada categoría, conjugándolos y poniéndolos en el orden que Ud. los va a usar para contar la historia.

Vocabulario útil: el retrato (*portrait*)

1.

2.

3.

4.

5.

6.

COLUMNA		CARNE	
beber	pagar	caminar	sentirse
costar	pedir	doler	ser
despedirse	recoger	estar	tener
escuchar	romper	no poder creer	tener ganas de
hablar por los codos	tener que	parecer	verse
llamar a la puerta		querer	

¡OJO! Los verbos posibles son sólo ideas y algunos pueden usarse en el pretérito o el imperfecto, según el contexto.

COLUMNA (PRETÉRITO)	CARNE (IMPERFECTO)
_____	_____
_____	_____
_____	_____
_____	_____

❖**Paso 3** Con los verbos que apuntó en el **Paso 2,** escriba en otro papel o a computadora una narración de lo que pasó. No se olvide de incluir conectores para que su historia fluya mejor.

cuando, mientras	por eso
entonces	sin embargo
primero, luego, después, finalmente	

G **D. Hablar de los gustos y las opiniones** Describa los gustos, según las indicaciones. Luego, complete la oración que sigue.
GUSTOS

1. la gente romántica **/** gustar **/** pasear bajo las estrellas

   _____

   No creo que _____

2. nosotros **/** molestar **/** los solteros quejones

   _____

   Opino que _____

3. las solteras **/** fastidiar **/** la práctica de piropear

   _____

   No pienso que _____

4. Frida Kahlo **/** fascinar (pasado) **/** los cuadros de Diego Rivera

   _____

   Frida creía que _____

H ❖**E. Hacer hipótesis** Complete las siguientes oraciones de una manera original. Use el condicional o el pasado de subjuntivo de los verbos que escoja.
HIPÓTESIS

1. Si tuviera 2.500 dólares para casarme en Disneyworld, _____

   porque _____

2. Si _____, no podría casarme en Disneyworld.

3. Si yo fuera un sacerdote católico, _____

   _____

4. Si La Cenicienta _____,

   su madrastra fea y mala se sorprendería.

F **F. Hablar del futuro**
FUTURO

Paso 1 Llene los espacios en blanco con la forma apropiada del futuro.

Las relaciones del futuro _____[1] (basarse) más en los intereses comunes que en

los sentimientos, creo yo. Sólo las parejas que compartan intereses y pasiones

_____[2] (tener) éxito. Para encontrar mi alma gemela, yo _____[3]

(buscar) personas a las que les gusten los deportes, por ejemplo, porque a mí me fascinan. Mi

futura pareja y yo _____[4] (ir) a ver muchos partidos profesionales de diferentes

deportes. A veces _____[5] (jugar) al tenis o al basquetbol. Si nos casamos y

tenemos hijos, ellos _____[6] (ser) grandes deportistas también. Toda la familia

_____[7] (salir) a caminar o a montar en bicicleta juntos. Sé que nosotros lo

_____[8] (pasar) muy bien. Sí, el romance es importante, pero unas relaciones

sólidas necesitan una base que dure para siempre.

Paso 2: Desafío Complete los espacios en blanco con la forma apropiada del verbo y complete las oraciones con una de las palabras de la lista.

asustado/a confundido/a emocionado/a satisfecho/a
celoso/a deprimido/a enojado/a

1. Cuando yo _____ (encontrar) mi alma gemela, me sentiré

   _____.

2. Tan pronto como Javier _____ (tener) alguien con quien jugar al raquetbol,

   estará _____.

3. En cuanto Diego _____ (ver) a Cristina con otro hombre, se sentirá

   _____.

4. A menos que tú _____ (quitarse) esta máscara de vampiro, tu sobrinito estará

   _____.

5. Después de que Laura _____ (dejar) plantado a Sergio, él estará

   _____.

G. Traducción Traduzca las siguientes oraciones al español.

1. It bothers Diego that Cristina flirts with other men.

   _____

2. If I were Cristina, I would break up with Diego since he's always thinking about his store.

   _____

   _____

LOS OTROS PUNTOS GRAMATICALES

A. Por/Para Complete las oraciones con **por** o **para**. Vea la explicación para los usos de **por** y **para** en las páginas moradas bajo el título **Los otros puntos gramaticales.**

1. Sergio pagó $100,00 _____ un disco viejo de corridos.

2. _____ aprender más sobre los corridos, Sara leyó tres libros y escuchó varios discos

   compactos.

3. _____ lo general, los corridos son populares en el sur de los Estados Unidos y el norte de

   México.

4. Sergio saldrá _____ California _____ entrevistar al grupo Los Tigres de Norte, mañana

   _____ la mañana.

5. Los Tigres del Norte ganan mucho dinero _____ concierto.

6. _____ un género musical tan viejo, es impresionante que los corridos todavía sean tan

   populares.

B. Preposiciones Complete el párrafo con la preposición apropiada (**a, con, de, en**). Vea las páginas moradas bajo el título **Los otros puntos gramaticales** para repasar las reglas para las preposiciones.

Cristina está muy enamorada _____[1] Diego, y antes de entrar _____[2] esta relación amorosa admiraba su dedicación a su trabajo. Pero ahora sabe que tiene que adaptarse _____[3] su adicción al trabajo. Laura trató _____[4] ayudar a Cristina _____[5] prestar más atención a sus propios intereses y comenzar _____[6] volver a sus pasatiempos de antes. Si quiere casarse _____[7] Diego, tiene que insistir _____[8] hacer una cita fija cada fin de semana para que Diego no se olvide _____[9] ella.

❖Reciclaje del vocabulario y los puntos clave

El amor Escriba una oración sobre las relaciones sentimentales para cada meta comunicativa. Puede basarse en la tira cómica o puede usar sus propias ideas. Use una palabra de la lista en cada oración. Tres de las ocho oraciones deben ser preguntas.

decepcionado/a	lamentar	quejarse
degradante	mandón/mandona	raro/a
exigente	pelearse	regañar
insoportable	pésimo/a	rogar (ue)

D DESCRIBIR

1. descripción: _____
_____
_____

C COMPARAR

2. comparación: _____
_____
_____

—Mi amor . . . prométeme que nunca más volverás a ordenar en francés . . .

P PASADO

3. narración en el pasado: _____
_____

REACCIONAR **R** RECOMENDAR

4. reacción: _____
_____

REACCIONAR **R** RECOMENDAR

5. recomendación: _____
_____

G GUSTOS

6. hablar de los gustos y las opiniones: _____
_____

H HIPÓTESIS

7. hacer hipótesis: _____
_____

F FUTURO

8. hablar del futuro: _____
_____

⊙ PRÁCTICA ORAL

❖Trabalenguas

REACCIONAR
R
RECOMENDAR

Lea y escuche las siguientes oraciones. Va a oír las oraciones dos veces. Repita cada una después de oírla la segunda vez.

1. Dudamos que Daniel haya **discutido** con Diana durante el desayuno.
2. Recomiendo que Roberto y Rocío **se rompan** rápidamente porque su relación es rara.
3. Ojalá que Olga y Óscar **tengan** la oportunidad de hospedarse en un hotel cerca del océano.
4. Es posible que Pepe le **pida** la mano a Paquita pronto y no pienso que su padrastro **proteste**.
5. Sugiero que Sonsoles **salga** con alguien sensible, sincero y súper sofisticado.

María Metiche

P
PASADO

Hoy María Metiche tiene información sobre las relaciones sentimentales entre Diego y Cristina. Escuche lo que dice María de lo que oyó ayer en Ruta Maya. Luego, escriba cuatro oraciones para explicar qué hicieron Sara y Cristina antes de llegar a Ruta Maya. Recuerde que María va a usar el pretérito para marcar el avance de la acción y el imperfecto para hacer descripciones de fondo.

Vocabulario útil: la media naranja (*soul mate*), mono/a (*cute*)

1. _____
2. _____
3. _____
4. _____

Vocabulario del tema

Escuche los mensajes del contestador automático de Javier. Luego, escriba la forma apropiada de un adjetivo de la lista que corresponda a cómo se siente cada persona que le deja un mensaje a Javier. (Las respuestas se dan en el programa auditivo.)

agotado	apenado	avergonzado	enojado
alucinado	asustado	confundido	rabioso

1. _____
2. _____
3. _____

4. _____
5. _____

Puntos clave

REACCIONAR
R
RECOMENDAR

A. La visita de la Sra. de Mercado Escuche cada oración y luego indique si expresa una situación verdadera o un deseo. (Las respuestas se dan en el programa auditivo.)

	SITUACIÓN VERDADERA	DESEO
1.	☐	☐
2.	☐	☐
3.	☐	☐
4.	☐	☐
5.	☐	☐

B. Dictado Escuche la siguiente serie de oraciones. Va a oír cada oración dos veces. Mientras Ud. escucha la segunda vez, escriba lo que oiga. Luego, identifique cuál de las metas comunicativas se representa en cada oración. Puede escuchar las oraciones más de una vez, si quiere.

Metas comunicativas: **D** **C** **P** **R** **G** **H** **F**
DESCRIBIR COMPARAR PASADO RECOMENDAR GUSTOS HIPÓTESIS FUTURO

1. _____
_____

2. _____
_____

3. _____
_____

4. _____
_____

5. _____
_____

Para escuchar mejor: Alma Reed y Felipe Carrillo Puerto: Una historia de amor en México

ANTES DE ESCUCHAR

❖ **A. Anticipar la información** Ud. va a escuchar parte de una conferencia sobre la vida de Alma Reed, una periodista estadounidense que se enamoró en México y de México. Antes de escuchar, indique la información que cree que podría escuchar durante la conferencia.

1. _____ la fecha de nacimiento
2. _____ el aspecto físico
3. _____ la educación
4. _____ la actividad política
5. _____ las relaciones familiares

6. _____ las relaciones amorosas
7. _____ el trabajo
8. _____ la salud
9. _____ los amigos
10. _____ la muerte

B. Vocabulario en contexto Escuche las siguientes cuatro oraciones tomadas de la conferencia. Después de oír cada una dos veces, escriba el número que oiga en la oración.

1. _____ 2. _____ 3. _____ 4. _____

¡A ESCUCHAR!

A. Comprensión Ahora, escuche la conferencia sobre Alma Reed y Felipe Carrillo Puerto. Luego, conteste las siguientes preguntas según lo que Ud. oyó en la conferencia.

1. ¿Cómo era Alma Reed?

_____

2. ¿Por qué fue a México?

_____

3. ¿Por qué fue a Yucatán?

_____

4. ¿Qué pasó cuando conoció a Felipe Carrillo Puerto?

_____

5. ¿Por qué no era posible mantener esas relaciones?

_____

6. ¿Qué hizo Felipe para poder casarse con Alma?

_____

7. ¿Se casaron al final?

_____

8. ¿Cómo describe Ud. el amor entre Alma y Felipe?

_____

❖**B. ¡Apúntelo!** Ahora, vuelva a escuchar la conferencia. Tome apuntes en otro papel o a computadora, organizando sus apuntes según las siguientes categorías.

1. su familia y juventud
2. sus primeros años como periodista
3. su trabajo en México
4. sus relaciones con Felipe

❖**C. En resumen** Ahora, en otro papel o a computadora, haga un breve resumen del contenido de la conferencia, basándose en lo que Ud. escuchó y en sus apuntes.

For more resources and practice with the vocabulary, grammar, and culture presented in this chapter, check out Connect Spanish (**www.connectspanish.com**).

PARA REPASAR

PRÁCTICA ESCRITA

> **Pista caliente** If you find you are having difficulty with a particular grammar point, review the appropriate grammar explanation(s) found in the purple pages at the end of the main text.

Descripción y comparación

REPASO DE LOS PUNTOS CLAVE

Descripción

ICONO	META COMUNICATIVA	PUNTOS CLAVE
D DESCRIBIR	**Descripción**	• la concordancia de género y número • **ser/estar** • los participios como adjetivos

A. Complete las siguientes oraciones con la forma correcta del verbo **ser** o **estar** y los adjetivos apropiados, según el contexto. Preste atención a la concordancia entre adjetivo y sustantivo.

1. Las computadoras que Diego va a necesitar para su cibercafé _____ (ser/estar)

   _____ (caro).

2. Las artesanías que _____ (ser/estar) en la primera sala de «Tesoros»

   _____ (ser/estar) del Perú.

3. La novia de Diego no _____ (ser/estar) contenta con la idea de abrir

   _____ (otro) tienda.

4. Los precios en los lugares que _____ (ser/estar) lejos del centro siempre

   _____ (ser/estar) más _____ (bajo).

5. La nueva exposición de artesanías peruanas del Museo Mexic-Arte, que _____

   (ser/estar) cerca de la tienda «Tesoros», _____ (ser/estar)

   _____ (fabuloso).

B. Complete el siguiente párrafo con la forma apropiada del verbo indicado.

La semana pasada, la tienda «Tesoros» estuvo _____[1] (cerrar) a causa de un acto de vandalismo. El lunes, cuando Diego llegó a abrir la tienda, descubrió que tres ventanas estaban _____[2] (romper) y había mucho graffiti _____[3] (escribir) en las paredes. La caja registradora estaba _____[4] (abrir), aunque los vándalos no pudieron llevarse nada porque todo estaba _____[5] (guardar) en la caja fuerte. Diego y su asistente Mayra estaban muy _____[6] (sorprender) y llamaron inmediatamente a la policía. Al final de la semana, los vándalos, tres jóvenes adolescentes _____[7] (descubrir) por la policía, llegaron para ayudar a limpiar y reparar la tienda. Por fin «Tesoros» está _____[8] (abrir) de nuevo.

Comparación

ICONO	META COMUNICATIVA	PUNTOS CLAVE
C COMPARAR	**Comparación**	• la concordancia de género y número • **tan… como, tanto/a/os/as… como** • **más/menos… que**

A. Comparación Haga comparaciones entre los siguientes lugares y personas, utilizando las palabras entre paréntesis y los símbolos que aparecen a continuación.

1. pasar tiempo en las montañas / pasar tiempo en la playa (divertido) +

   _____

2. Dalí / Picasso (tener talento) −

   _____

3. Cuba / Puerto Rico (bello) =

   _____

4. Frida Kahlo / Diego Rivera (pintar bien) =

   _____

❖**B. Más comparaciones** Haga cinco comparaciones de igualdad o desigualdad entre Ud. y su mejor amigo/a, utilizando las siguientes palabras u otras que describan mejor a Uds.

alto/a	estudiar	religioso/a
dinero	número de hermanos	¿ ?

1. _____

   _____

2. _____

   _____

3. _____

   _____

4. _____

_____

5. _____

_____

C. Superlativos   Haga comparaciones superlativas, utilizando el adjetivo indicado, como en el modelo.

MODELO: Súperman / Popeye / el Ratoncito Mickey (fuerte) →
Súperman es el más fuerte de los tres.

1. Barack Obama / Hillary Clinton / Marco Rubio (conservador)

_____

2. Arnold Schwarzenegger / Shaquille O'Neal / Danny DeVito (alto)

_____

3. Adele / Lady Gaga / Taylor Swift (llamativo)

_____

4. Texas / Delaware / Alaska (pequeño)

_____

5. Paris Hilton / Mark Zuckerberg / Warren Buffet (rico)

_____

Narración en el pasado

REPASO DE LOS PUNTOS CLAVE

ICONO	META COMUNICATIVA	PUNTOS CLAVE
P PASADO	**Narración en el pasado**	• el pretérito • el imperfecto • los tiempos perfectos • **hace… que**

A. *Guernica*   Complete el siguiente párrafo con la forma correcta del pretérito o del imperfecto, según el contexto.

Ayer los estudiantes _____[1] (ir) a ver el cuadro, *Guernica,* pintado por Pablo

Picasso. Unos estudiantes no _____[2] (querer) ir, pero el profesor Echeverri

_____[3] (insistir) en que fueran todos. Mientras el guía les _____[4]

(explicar) el cuadro, todos _____[5] (empezar) a entender por qué

_____[6] (ser) tan importante y poderoso este cuadro anti-guerra. Al final,

_____[7] (ser) una experiencia inolvidable y los estudiantes _____[8]

(estar) muy contentos por haber ido.

B. Un buen profesor   Complete el siguiente párrafo con la forma correcta del pretérito o del imperfecto, según el contexto.

Cuando Javier _____[1] (llegar) a Texas para empezar sus estudios en periodismo _____[2] (sentirse) muy emocionado. El primer día de clase _____[3] (conocer) a un profesor puertorriqueño que lo _____[4] (invitar) a tomar un café después de clase. _____[5] (Ser) un hombre encantador y brillante. El semestre siguiente Javier _____[6] (empezar) a trabajar con él en un gran proyecto sobre la inmigración. Javier _____[7] (tener) que trabajar muchas horas, pero _____[8] (ser) un proyecto fascinante. Los dos _____[9] (escribir) una serie de artículos interesantísimos que _____[10] (presentar) en un congreso importante en Nueva York. Trabajar con un profesor tan inteligente y generoso _____[11] (ser) una experiencia muy importante para Javier.

Reacciones y recomendaciones
REPASO DE LOS PUNTOS CLAVE

ICONO	META COMUNICATIVA	PUNTOS CLAVE
REACCIONAR **R** RECOMENDAR	**Reacciones y recomendaciones**	• el subjuntivo en cláusulas nominales • los mandatos

A. El padre de Laura   Complete el siguiente párrafo con la forma correcta del verbo.

El padre de Laura es un hombre muy compasivo e involucrado en la vida de sus hijos. Claro, a veces eso está bien, pero otras veces les molesta a sus hijos que su padre _____[1] (ser) tan entrometido. A Laura, por ejemplo, siempre le da muchos consejos sobre cómo ella debe vivir su vida. Su padre le aconseja que _____[2] (estudiar) mucho y que _____[3] (sacar) buenas notas. Teme que Laura _____[4] (viajar) sola mucho y piensa que algún día el activismo de Laura le _____[5] (poder) traer problemas. No le gusta que Laura _____[6] (salir) con un extranjero, ya que tiene miedo de que ella _____[7] (irse) a vivir en el Ecuador. Es impresionante que ahora el padre de Laura _____[8] (parecer) ser tan conservador, ya que antes él mismo estuvo involucrado en actividades políticas más liberales. Laura cree que su padre no _____[9] (deber) meterse en su vida, aunque sabe que lo _____[10] (hacer) porque la quiere.

❖**B.** Es normal que nuestros padres (hijos, abuelos,…), amigos y profesores compartan algunas de nuestras opiniones y al mismo tiempo que no estén de acuerdo con otras. Complete las siguientes oraciones.

1. Mis padres quieren que yo _____

   _____

2. A mi mejor amigo/a le gusta que _____

   _____

3. Me molesta que mis padres (hijos, abuelos, amigos,…) _____

   _____

4. Espero que mis profesores _____

   _____

C. Secuencia de tiempos: Una conversación por teléfono entre Javier y su madre Complete el siguiente diálogo con el pretérito o con el pasado de subjuntivo, según el contexto.

JAVIER: Hola, mamá. Te llamo porque creo que tenemos que hablar sobre tu última

visita. Sé que no te gustó que yo _____[1] (mudarse) a Austin

y que no _____[2] (regresar) a Puerto Rico. Pero, espero que

después de la visita entiendas por qué quiero quedarme aquí.

SRA. DE MERCADO: Bueno, hijo, para serte franca, yo no creía que tú _____[3]

(estar) bien allí, viviendo solo y tan lejos de la familia. Pero ahora me doy

cuenta de que _____[4] (tomar) una decisión sabia.[a] Allí

tienes buenos amigos y una vida interesante, pero todavía creo que

_____[5] (deber) haber consultado[b] con tu padre y conmigo.

Supongo que no pensaste en que tu padre y yo te _____[6] (ir)

a extrañar.

JAVIER: Cuando Jacobo y yo éramos pequeños, no nos gustaba que Uds.

_____[7] (meterse) en nuestras vidas ni que

_____[8] (tomar) decisiones por nosotros. Ahora entendemos

que lo hacían porque nos querían. Pero me alegro de que después de tu visita

tú _____[9] (darse) cuenta de que soy adulto y puedo tomar

una buena decisión.

[a]*wise* [b]haber… *have discussed it*

Hablar de los gustos y las opiniones

REPASO DE LOS PUNTOS CLAVE

ICONO	META COMUNICATIVA	PUNTOS CLAVE
G GUSTOS	**Hablar de los gustos y las opiniones**	• los verbos como **gustar** • los pronombres de complemento indirecto • el subjuntivo después de **me gusta que...**

A. Los gustos y preferencias   Describa los gustos y preferencias anteriores de cada persona. Luego, complete la oración con lo que Ud. piensa que le gusta o le molesta ahora a la persona indicada.

> MODELO: Mis padres / molestar / mis tatuajes
> *Antes, a mis padres **les molestaban** mis tatuajes, pero ahora no **les importan** tanto.*

1. Sara / fascinar / los Beatles

   _____

2. Diego y Sergio / molestar / las reuniones familares

   _____

3. Laura / encantar / la biología

   _____

4. Javier / interesar / los chismes de los ricos y famosos

   _____

5. mi mejor amigo/a y yo / gustar / ¿ ?

   _____

B. Cambie las oraciones para expresar la misma idea con una de las siguientes expresiones, como en el modelo.

aburrir	fascinar	interesar
dar ganas (de)	importar	preocupar

> MODELO: Siento asco por los perros calientes. →
> Me dan asco los perros calientes.

1. Tengo ganas de ir a nadar en el lago.

   _____

2. Estoy aburrida de las malas noticias que dan cada noche en el noticiero (*newscast*).

   _____

3. Sergio tiene fascinación por los corridos mexicanos antiguos.

   _____

4. Laura y Diego tienen mucho interés en los grabados de José Guadalupe Posada.

   _____

5. Estamos preocupados por Uds.

_____

6. Para Sara y Javier, no es importante tener un televisor.

_____

C. **Los pronombres de complemento directo** Conteste las preguntas, reemplazando el complemento directo por el pronombre apropiado, como en el modelo.

MODELO: ¿Cuándo prepara el café Javier? (a las 5:00 de la mañana) →
Lo prepara a las 5:00 de la mañana.

1. ¿A qué hora cierra Javier el Café Ruta Maya? (a las 8:00 de la noche)

_____

2. ¿Dónde bailan salsa Javier y Laura? (en Calle Ocho)

_____

3. ¿Cuándo llama Sara a sus padres? (todos los domingos)

_____

4. ¿Invitó Sergio a su familia a la recepción para Lila Downs? (no)

_____

5. ¿Vio Diego a Sara en su tienda ayer? (sí)

_____

D. **Los pronombres de complemento directo e indirecto combinados** Conteste las preguntas, reemplazando los complementos directos e indirectos por los pronombres apropiados, como en el modelo.

MODELO: ¿Quién te dijo esa mentira? (mi vecina) →
Mi vecina me la dijo.

1. ¿Le regaló Diego la pintura a Cristina para su cumpleaños? (sí)

_____

2. ¿Cuándo les envió Javier las flores a Sara y Laura? (ayer)

_____

3. ¿Quién me dejó este CD de Santana? (tu hermano)

_____

4. ¿Les prestó Diego ese libro sobre el arte boliviano a Uds.? (sí)

_____

5. ¿Te doy 100 dólares? (por supuesto)

_____

Hacer hipótesis

REPASO DE LOS PUNTOS CLAVE

ICONO	META COMUNICATIVA	PUNTOS CLAVE
H HIPÓTESIS	**Hacer hipótesis**	• el pasado de subjuntivo • el condicional

A. Si Javier pudiera… Complete el siguiente párrafo con la forma apropiada del pasado de subjuntivo o del condicional de los verbos entre paréntesis.

Si Javier _____[1] (tener) mucho dinero, _____[2] (dejar) de trabajar

en Ruta Maya y _____[3] (dedicarse) a escribir. Si _____[4] (poder),

_____[5] (escribir) una novela que le interesa escribir desde hace mucho tiempo. Si

la novela _____[6] (ser) muy popular y si _____[7] (llegar) a tener

gran éxito, Javier _____[8] (firmar) un contrato con un agente importante y

_____[9] (poder) conocer a otros escritores famosos.

❖**B. Viajes imaginarios** Complete las siguientes oraciones con la forma apropiada de los verbos entre paréntesis y una conclusión, según el contexto.

1. Si yo pudiera ir a cualquier lugar de México, _____ (ir) a _____

   porque _____

2. Si yo fuera un guía turístico en el Caribe, le _____ (recomendar) a

   _____ (*nombre de una persona famosa*) que fuera a _____

   porque _____

3. Si estuviera en España, _____ (visitar) _____

   porque _____

C. ¿Condicional o pasado de subjuntivo? Complete la conversación entre Cristina y Sara con la forma apropiada del verbo.

CRISTINA: Ay, Sara, necesito tus consejos. Quiero mucho a Diego, pero me preocupan nuestras

relaciones. Si Diego y yo _____[1] (pasar) más tiempo juntos, no me

preocuparía tanto por él. Si él no trabajara tanto, nosotros _____[2]

(poder) ir a conciertos, al teatro, al cine, o simplemente pasear por el parque como

hacíamos antes. Ahora, está pensando comprar otra tienda. Si él la comprara, no sé

qué _____[3] (hacer) nosotros para estar juntos.

SARA: Si yo _____[4] (ser) tú, Cristina, _____[5] (hablar) con

Diego para tratar de convencerlo de que buscara otros ayudantes. Si tú lo

_____[6] (convencer), seguramente tendrían más tiempo para estar juntos.

CRISTINA: Pero, ¿cómo? Si _____[7] (haber) más empleados, ¿no tendría más responsabilidades Diego?

SARA: No necesariamente. Si los empleados fueran muy responsables, ellos _____[8] (encargarse) de más asuntos de la tienda. Si Diego viera que las cosas pueden funcionar sin él, a lo mejor _____[9] (tomarse) uno o dos días libres por semana. Incluso, si él _____[10] (decidir) tomar una semana de vacaciones, Uds. podrían ir a la playa.

CRISTINA: Bueno, lo intentaré. La verdad es que si Diego fuera menos trabajador nosotros _____[11] (hacer) mucho más juntos. Y si fuera menos testarudo, ¡me _____[12] (escuchar) más!

❖ **D.** Complete las siguientes oraciones de manera original.

1. Si yo tuviera más dinero y tiempo, _____

    _____

2. Si pudiera viajar a cualquier lugar, _____

    _____

3. Esta universidad sería perfecta si _____

    _____

4. Todos los estudiantes estarían contentos si _____

    _____

5. Si Laura viviera en el Ecuador, _____

    _____

6. Diego y Cristina se casarían si _____

    _____

Hablar del futuro

REPASO DE LOS PUNTOS CLAVE

ICONO	META COMUNICATIVA	PUNTOS CLAVE
F FUTURO	**Hablar del futuro**	• el futuro • el subjuntivo en cláusulas adverbiales

A. Complete las siguientes oraciones con la forma apropiada del verbo entre paréntesis. En algunos casos debe añadir su propio comentario.

1. Tan pronto como terminen el horario de eventos para el invierno, Sean y Marisol

   _____ (empezar) a hacer planes para el futuro.

2. Antes de que tengan hijos, Sean y Marisol _____ (abrir) otro café en Austin

   porque _____

   _____

3. En cuanto encuentren un local, _____ (negociar) con el dueño para conseguir

   un buen precio, puesto que _____

   _____

4. Después de que sus planes estén concretados, se los _____ (comunicar) a

   Javier en caso de que él _____ (querer) trabajar en el nuevo local.

5. Pero Javier no _____ (cambiar) de local, porque _____

   _____

B. El futuro para expresar probabilidad Indique cómo se sentirán las siguientes personas, en su opinión. Use el futuro para expresar probabilidad e incorpore el vocabulario indicado sobre las emociones.

1. Sara dejó plantada a Laura. Iban a ir juntas a un concierto de Santana, pero a Sara se le olvidó y salió del apartamento con las entradas en la mochila. (asqueado/a, nostálgico/a, rabioso/a)

   Laura _____

2. Antes, Diego tenía relaciones muy estrechas con su hermana, pero con la distancia y las ocupaciones de cada uno, ahora casi ya no se ven ni se hablan. (apenado/a, confundido/a, halagado/a)

   Diego _____

3. Un ex novio de Cristina vio a Cristina y Diego bailando juntos en Calle Ocho. (cauteloso/a, celoso/a, perdido/a)

   El ex novio _____

4. La mamá de Javier y Jacobo siempre se queja de que sus hijos vivan tan lejos. (apasionado/a, deprimido/a, harto/a)

   Javier y Jacobo _____

C. Para un año académico exitoso Ud. está encargado/a de escribir un manual de consejos para los estudiantes nuevos de esta universidad. Conjugue el verbo indicado y complete la oración de manera original, usando un mandato, como en el modelo.

MODELO: Cuando _____ (ocupar) tu cuarto en la residencia, _____ →
Cuando ocupes tu cuarto en la residencia, arréglalo bien antes de empezar las clases.

1. Antes de que _____ (ir) a tu primera clase, _____

   _____

2. Cuando tu compañero/a de cuarto _____ (hablar) por los codos, _____

   _____

3. Para que _____ (llevarse) bien con tu compañero/a de cuarto, _____

   _____

4. En caso de que _____ (extrañar) a tus padres y amigos, _____

   _____

5. A menos que _____ (odiar) a tus profesores, _____

   _____

6. Tan pronto como _____ (sentirse) deprimido/a, _____

   _____

7. Después de que _____ (conocer) a tu consejero, _____

   _____

Prueba diagnóstica

¿CÓMO LE VA CON LAS SIETE METAS COMUNICATIVAS?

Paso 1 Escoja la(s) palabra(s) apropiada(s), según el contexto. (15 puntos)

1. Es importante que Sara _____ este año.

   a. se gradúe   b. se graduará   c. se gradúa

2. Este año los dueños de Ruta Maya han ganado más dinero _____ el año pasado.

   a. como   b. de   c. que

3. Si yo _____ Sergio, me mudaría a Los Ángeles.

   a. sería   b. era   c. fuera

4. Los padres de Laura prefieren que ella no _____ al Ecuador.

   a. se mude   b. se mudará   c. se muda

5. Cuando Sara _____ de su trabajo, tomará un café y empezará a estudiar.

   a. vuelve   b. vuelva   c. volverá

6. Javier _____ muy nervioso durante su entrevista con el jefe de la revista *Lectura*.

   a. estaba   b. era   c. fue

(continúa)

7. Cristina no _____ con otros hombres, si Diego le prestara más atención.

   a. saldrá   b. saldría   c. sale

8. La presentación sobre Pablo Casals _____ en el auditorio del Centro de Bellas Artes, que _____ al lado del estadio.

   a. será/está   b. estará/está   c. estará/es

9. A Sergio y a Diego _____ encanta _____.

   a. le/jugar al fútbol   b. les/el fútbol   c. les/los partidos de fútbol

10. Mientras Laura _____ la cena anoche, Manuel la _____ desde el Ecuador.

    a. preparó/llamó   b. preparó/llamaba   c. preparaba/llamó

11. El hermano de Javier gana más _____ 100.000 dólares al año.

    a. que   b. como   c. de

12. Con tal de que haya suficiente dinero, los dueños de Ruta Maya _____ un nuevo patio antes de la primavera.

    a. construirían   b. construirán   c. construyeron

13. A los vecinos que viven cerca de Ruta Maya _____ molesta _____ que hay en el barrio a causa de la popularidad del café.

    a. les/los clientes ruidosos   b. les/la basura   c. le/el tráfico

14. Esta noche, la paella no _____ muy buena aunque normalmente _____ deliciosa.

    a. está/es   b. es/es   c. es/está

15. Cuando Sara _____ a casa, Laura _____ las galletas que acababan de comprar.

    a. llegaba/comía   b. llegó/comió   c. llegó/comía

Paso 2   Llene el espacio en blanco con el artículo definido o la forma apropiada de la palabra indicada, según el contexto. (7 puntos)

1. _____ flores que ponen en las mesas del café son _____ (bonito).

2. _____ actividades culturales que presentan en Ruta Maya son _____ (variado).

3. Todos los miembros de la familia de Javier son _____ (extrovertido).

4. _____ poemas que Javier escribió sobre _____ crisis mundial son impresionantes.

Paso 3   Traduzca la siguiente oración al español. (3 puntos)

Sara hopes that her sister visits her more than once this year.

PARA REPASAR

PRÁCTICA ORAL

❖Trabalenguas

Lea y escuche las siguientes oraciones. Va a oír las oraciones dos veces. Repita cada una después de oírla la segunda vez.

PASADO

1. Carlos no **pudo** confiar en Carmen porque **coqueteaba** constantemente con sus colegas.

COMPARAR

2. Teresita es tacaña, testaruda y **más tiquismiquis que** tu tía Tula.

REACCIONAR

RECOMENDAR

3. Dudo que Donaldo **discuta** con Diana porque ya se **divorciaron** hace dos décadas.

HIPÓTESIS

4. Si Esteban **estuviera** enamorado de Esmeralda de verdad, le **enviaría** notas románticas y flores exquisitas.

FUTURO

5. Hasta que Horacio Hernández **herede** la hacienda en Honduras, no **hospedará** a ningún huésped.

María Metiche

P
PASADO
Como siempre, María Metiche escucha todo lo que pasa en Ruta Maya. Escuche lo que dice sobre todo lo que les ha pasado a los cinco amigos el semestre pasado. Luego, escriba cuatro oraciones para indicar las situaciones que les ocurrieron, y tres oraciones más sobre cómo se sentían los amigos ante esas situaciones. Recuerde que María va a usar el pretérito para marcar el avance de la acción y el imperfecto para hacer descripciones de fondo.

¿Qué pasó durante este semestre?

1. _____

2. _____

3. _____

4. _____

¿Cómo se sentían los amigos ante esas situaciones?

5. _____

6. _____

7. _____

Vocabulario del tema

¿Cuál de las respuestas corresponde a la situación? Escuche cada oración y escriba la letra de la respuesta más apropiada en el espacio en blanco correspondiente. (Las respuestas se dan en el programa auditivo.)

1. _____	a.	Es pesado.	b.	Es tacaño.	c.	Es barato.
2. _____	a.	Es tiquismiquis.	b.	Es grosera.	c.	Es llamativa.
3. _____	a.	Tiene mala pinta.	b.	No tiene pelos en la lengua.	c.	Tiene arrugas.
4. _____	a.	Es orgullosa.	b.	Es entrometida.	c.	Es indulgente.
5. _____	a.	Es mimado.	b.	Es travieso.	c.	Es envidioso.
6. _____	a.	Está asustado.	b.	Está asqueado.	c.	Está enfadado.
7. _____	a.	Está avergonzada.	b.	Está satisfecha.	c.	Está confundida.
8. _____	a.	Está deprimida.	b.	Está harta.	c.	Está apasionada.
9. _____	a.	Está harta.	b.	Está nerviosa.	c.	Está halagada.

Puntos clave

A. Los cinco amigos Escuche los comentarios sobre los cinco amigos e indique si el comentario se refiere al pasado, al presente o al futuro. (Las respuestas se dan en el programa auditivo.)

	PASADO	PRESENTE	FUTURO
1.	☐	☐	☐
2.	☐	☐	☐
3.	☐	☐	☐
4.	☐	☐	☐
5.	☐	☐	☐
6.	☐	☐	☐

B. Dictado Escuche la siguiente serie de oraciones. Va a oír cada oración dos veces. Mientras Ud. escucha la segunda vez, escriba lo que oiga. Luego, identifique cuál de las metas comunicativas se representa en cada oración. Puede escuchar las oraciones más de una vez, si quiere.

Metas comunicativas:

1. _____
2. _____
3. _____
4. _____
5. _____

For more resources and practice with the vocabulary, grammar, and culture presented in this chapter, check out Connect Spanish (**www.connectspanish.com**).

CAPÍTULO 4

PRÁCTICA ESCRITA

Vocabulario del tema

A. Lo contrario   Escriba la letra de la palabra o expresión de la Columna B que corresponda a la palabra o expresión opuesta de la Columna A.

COLUMNA A

1. _____ posponer
2. _____ bromear
3. _____ una persona fiestera
4. _____ trabajar como una mula
5. _____ el recreo
6. _____ disminuir
7. _____ renovado/a
8. _____ agotado/a
9. _____ desvelarse
10. _____ reírse a carcajadas

COLUMNA B

a. estar de mal humor
b. relajarse
c. aumentar
d. quemado/a
e. acostarse temprano
f. ponerse al día
g. descansado/a
h. un aguafiestas
i. el trabajo
j. hablar en serio

B. ¿Cierto o falso?   Lea cada oración e indique si es cierta (C) o falsa (F). Luego, escriba una oración para explicar por qué.

	C	F
1. Si un empleado nunca se pone al día, su jefe debe regañarlo.	☐	☐
2. Para levantarles el ánimo a sus empleados, un jefe debe contarles chismes sobre los otros empleados.	☐	☐
3. Si quiere enterarse de cualquier cosa rápidamente, debe googlear la pregunta.	☐	☐
4. Una persona que está agotada debe posponer sus obligaciones y postear mensajes en Facebook para sentirse menos estresada.	☐	☐
5. Una persona que se desvela con frecuencia es menos productiva por estar quemada.	☐	☐

C. Ampliación léxica

Paso 1   Lea las siguientes palabras y escriba los sustantivos y el adjetivo relacionados con los últimos dos verbos de la lista.

SUSTANTIVOS	VERBOS	ADJETIVOS
el agobio	agobiar	**agobiado**/a
el ánimo	animar	**animado**/a
la broma	**bromear**	bromista
el entretenimiento	**entretener(se)**	entretenido/a
la fiesta	festejar(se)	**fiestero**/a
la mejora	mejorar	_____ [1]
_____ [2]	_____ [3]	reunido/a

Paso 2   Lea el siguiente párrafo sobre las bromas de Sergio. Mientras lee, indique si los espacios en blanco requieren un sustantivo (S), un verbo (V) o un adjetivo (A), según el contexto, y escriba la letra S, V o A correspondiente. Luego, llene cada espacio en blanco con la palabra apropiada de la lista del **Paso 1**.

Sergio tiene fama de ser muy _____ (S / V / A),[1] especialmente cuando ve que

alguien tiene problemas. El otro día, Laura se sentía un poco _____ (S / V / A)[2]

porque tenía demasiado trabajo. Sergio está acostumbrado a verla _____ (S / V / A)[3]

y de buen humor. Así que cuando la vio en ese estado, decidió _____ (S / V / A)[4]

la situación. En el fondo, Laura es una persona fiestera, y Sergio sabía que la mejor manera de

_____ (S / V / A)[5] la era planear una _____ (S / V / A).[6]

Envió un mensaje de texto a Sara, Javi y Sergio diciéndoles que deben _____ (S / V / A)[7]

en casa de Laura a las seis en punto. Sergio llegó vestido de Elvis Presley, con una docena de sus

tamales favoritos y empezó a cantar, imitando perfectamente a Elvis. Laura empezó a reírse a

carcajadas y así Sergio la hizo sentir _____ (S / V / A).[8]

❖**D. Oraciones compuestas**   Escriba un comentario sobre las siguientes palabras. Use dos verbos y un conector de las siguientes listas en cada comentario.

> MODELO: la tecnología →
> La tecnología nos puede ayudar a realizar nuestros proyectos. Sin embargo, también puede aumentar el estrés.

VERBOS		CONECTORES	
aliviar	mejorar	además	por otro lado
aprovechar(se) (de)	reírse a carcajadas	para que	sin embargo
aumentar	relajarse	por eso	ya que
disminuir	seguir + *gerundio*	por lo tanto	
entretenerse			

1.   el estrés _____

_____

2. los chismes _____

_____

3. los medios sociales _____

_____

❖ **E. Definiciones** Escriba una definición en español para cada una de las siguientes palabras.

1. la resaca _____

2. el bienestar _____

3. tuitear _____

4. cargar las pilas _____

F. El proyecto de Sergio Complete el siguiente párrafo con la forma correcta de la palabra más apropiada.

Aunque me conocen por ser muy fiestero y trabajar mucho por la noche, me encanta

_____[1] (madrugar/charlar) para hacer planes por la mañana. Este mes mi

proyecto especial es mi primo Diego. Es importante que Diego _____[2]

(disminuir/aumentar) el número de horas que dedica a su tienda para que tenga más tiempo

para _____[3] (desvelarse/aprovechar) la vida cultural de esta gran ciudad. Voy

a recomendarle a Diego que _____[4] (realizar/posponer) la apertura[a] de una nueva

tienda. Aunque es verdad que Diego ha sido muy _____[5] (animado/exitoso)

en su negocio, es muy importante que piense un poco en su tiempo _____[6]

(vago/libre) y en cómo puede disfrutar de la vida. Piensa Ud. que Diego estará

_____ (desanimado/dispuesto) a escuchar los consejos de su primo?

[a]*opening*

❖ **G. Los cambios son difíciles** Describa lo que cada uno está tratando de cambiar, pero sigue haciendo a pesar de sus esfuerzos.

MODELO: Diego se desvela mucho. Trata de acostarse más temprano, pero sigue trabajando hasta la madrugada.

1. Laura está agobiada. ____*Trata de*_____, *pero sigue*_____

_____

2. Javier está hasta las narices de su madre. _____

_____

3. Sara está de mal humor los lunes. _____

_____

4. Sergio pospone su trabajo. _____

_____

(continúa)

5. El primo de Laura es un aguafiestas. _____

_____

6. Roberto viene a clase con resaca los viernes. _____

_____

7. La dueña de Ruta Maya pierde mucho tiempo en Internet porque está obsesionada con los

   chismes sobre los ricos y famosos. _____

_____

8. La hermana de Laura no puede dejar de postear cosas en Facebook. _____

_____

Puntos clave

Pista caliente If you find you are having difficulty with a particular grammar point, review the appropriate grammar explanation(s) found in the purple pages near the back of the main text.

PRÁCTICA DE FORMAS VERBALES

A. Práctica de conjugación Complete la siguiente tabla con las conjugaciones apropiadas de los verbos indicados.

	PRESENTE DE INDICATIVO	PRETÉRITO/ IMPERFECTO	PRESENTE PERFECTO	FUTURO/ CONDICIONAL	PRESENTE DE SUBJUNTIVO	PASADO DE SUBJUNTIVO
1. desvelarse (yo)						
2. madrugar (nosotros)						
3. realizar (ella)						
4. posponer (Uds.)						

	PRESENTE DE INDICATIVO	PRETÉRITO/ IMPERFECTO	PRESENTE PERFECTO	FUTURO/ CONDICIONAL	PRESENTE DE SUBJUNTIVO	PASADO DE SUBJUNTIVO
5. **seguir** **(yo)**						
6. **reírse (i, i)** **(tú)**						

B. Traducciones: Pasarlo bien Traduzca las siguientes oraciones. Recuerde utilizar los pronombres de complemento directo e indirecto siempre que sea posible.

MODELOS: Get up (**tú**). → Levántate.
Don't get up (**tú**). → No te levantes.
I'm writing to her. → Le estoy escribiendo. / Estoy escribiéndole.
We want to send it (**el paquete**) to you (**Ud.**). →
  Se lo queremos enviar. / Queremos enviárselo.
She had already left when I arrived. → Ella ya se había ido cuando llegué.

1. They have a good time. _____

2. They are having a good time. _____

3. They had a good time. _____

4. They used to have a good time. _____

5. They have had a good time. _____

6. They had already had a good time. _____

_____

7. They will have a good time. _____

8. They would have a good time. _____

9. It's good that they (are going to) have a good time. _____

_____

10. It was good that they had a good time. _____

_____

11. Have a good time (**tú**). _____

12. Don't have a good time (**Uds.**). _____

13. Let's have a good time. _____

G LOS PUNTOS CLAVE PRINCIPALES:
HABLAR DE LOS GUSTOS Y LAS OPINIONES

Gustar y otros verbos parecidos

A. Los intereses   Complete las siguientes oraciones con el pronombre y el verbo apropiados, según el contexto.

1. ¿A ti _____ (gustó/gustaron) la última película de Almodóvar?

2. A mí _____ (gustaba/gustaban) escaparme de casa por la noche cuando era

   adolescente.

3. A Sergio _____ (encanta/encantan) las fajitas Tex-Mex.

4. A Sara la comida picante _____ (resulta/resultan) imposible de comer.

5. A Javier _____ (fascina/fascinan) las diversas culturas de Latinoamérica.

6. A los padres de Diego _____ (preocupa/preocupan) la vida de su hijo.

7. A nosotros _____ (da/dan) igual que ella asista a la fiesta o que se quede en casa.

B. Los amigos   Escriba oraciones completas según las indicaciones, añadiendo sus opiniones al final de cada oración.

1. Laura **/** emocionar **/** los conciertos de Manu Chao _____

   _____, y creo que

   _____

2. Sara y Laura **/** gustar **/** las galletas de chocolate _____

   _____, pero no creo que

   _____

3. Diego **/** hacer falta **/** tener más tiempo libre _____

   _____, y me parece que

   _____

4. Cristina **/** molestar **/** la dedicación de Diego al trabajo _____

   _____; por eso dudo que

   _____

5. Sara **/** interesar **/** entrevistar a Steven Spielberg _____

   _____, pero ella no cree que

   _____

❖**C. Entre amigos** Escriba oraciones completas según las indicaciones. Siga el modelo.

MODELO: Manuel **/** (no) encantar **/** Laura →
A Manuel le encanta que Laura le escriba cartas de amor.

1. yo **/** (no) gustar **/** mi mejor amigo/a

_____

2. mi profesor(a) **/** (no) encantar **/** yo

_____

3. Cristina **/** (no) molestar **/** Diego

_____

4. Sara / (no) dar igual **/** Laura

_____

5. la Sra. de Mercado **/** (no) preocupar **/** Javier

_____

Los pronombres de complemento directo e indirecto

A. ¡A bailar! Escriba el pronombre de complemento directo o indirecto apropiado en cada espacio en blanco. **¡OJO!** La mitad (*Half*) de los espacios va a quedar (*remain*) en blanco.

A Javier y a Laura _____[1] encanta _____[2] bailar salsa y merengue,

dos tipos de baile que se originaron en el Caribe. Pero el año pasado,

cuando ofrecieron una clase de tango en la universidad, decidieron

_____[3] tomar _____.[4] A ellos siempre _____[5] había interesado

_____[6] el tango, y era una buena oportunidad para aprender a

_____[7] bailar _____.[8] A Javier _____[9] preocupaba _____[10] no poder asimilar el

ritmo sen-sual del tango. Sin embargo, después de _____[11] escuchar _____[12] varias veces,

_____[13] pareció _____[14] natural. A Laura _____[15] fastidiaba _____[16] que todos

los hombres, menos Javier, bailaran mal, y por eso no _____[17] quería _____[18] como

pareja. Pero para no ser mal educada, _____[19] sonreía _____[20] y aceptaba sus invitaciones

a bailar. Después de cinco semanas de clases, Javier y Laura salieron a bailar con Cristina y Diego

y _____[21] mostraron _____[22] lo que habían aprendido.

❖ **B. En su tiempo libre** Conteste las siguientes preguntas personales. En cada respuesta, sustituya el pronombre que corresponda al complemento directo de la pregunta. **¡OJO!** Algunas respuestas tienen complementos directos *e* indirectos.

MODELO: ¿En qué momentos le gusta ver películas chistosas? →
Me gusta verlas cuando estoy de mal humor y quiero reírme mucho.

1. ¿Cómo mantiene Ud. el bienestar físico y mental?

_____

2. ¿Qué hace para realizar sus metas?

_____

3. Para pasar un fin de semana de maravilla, ¿qué hace Ud.?

_____

4. ¿Cuál es el mejor momento para pedirle un aumento (*raise*) a su jefe?

_____

5. ¿Cuándo les pide dinero a sus amigos?

_____

C. Los conectores y los pronombres Use un conector de la siguiente lista para unir cada par de oraciones. Para evitar la repetición, sustituya el pronombre que corresponda al complemento directo de la segunda parte de su oración.

además	como	por eso	por otro lado	sin embargo	ya que
así que	pero	por lo tanto	puesto que	y	

MODELO: Necesito un trabajo nuevo. Voy a empezar a buscar un trabajo nuevo mañana mismo. →
Necesito un trabajo nuevo, así que lo voy a buscar mañana.

1. Tengo un problema que necesito comentar con mi profesor.
Podemos comentar el problema en nuestra reunión mañana.

_____

_____

2. Me encanta la música caribeña.
Escucho música caribeña todas las noches.

_____

_____

3. Después de establecer una meta grande me siento ansiosa.
Establezco metas pequeñas para poder realizar una meta grande.

_____

_____

4. El desempleo es un problema grave hoy en día.
El gobierno quiere hacer todo lo posible para eliminar el desempleo.

_____

_____

Opiniones

A. Reacciones, opiniones y recomendaciones Lea cada oración y luego llene los espacios en blanco con la forma apropiada del verbo.

1. Diego tiene mucha energía y no le importa desvelarse.

    REACCIÓN: Es increíble que _____ (tener) tanta energía.

    OPINIÓN: Creo que _____ (deber) descansar un poco más.

    RECOMENDACIÓN: Sugiero que Diego _____ (dormir) más entre semana.

2. A muchos de sus compañeros de clase les sorprende que Laura salga a bailar tan frecuentemente, porque parece ser muy estudiosa.

    REACCIÓN: Es curioso que Laura _____ (pasar) su tiempo libre

    bailando en los clubes de Austin.

    OPINIÓN: Dudo que _____ (bailar) más de dos veces a la semana.

    RECOMENDACIÓN: Recomiendo que Laura _____ (seguir) bailando para

    mantener el equilibrio en su vida.

3. A veces Javi gasta el dinero de manera extravagante.

    REACCIÓN: Es preocupante que Javi _____ (tener) la tendencia de

    gastar dinero de manera extravagante.

    OPINIÓN: No creo que _____ (gastar) tanto dinero.

    RECOMENDACIÓN: Sugiero que _____ (guardar) cierta cantidad de dinero

    para cosas extravagantes.

4. A Sara le fascinan las computadoras, aunque le molesta leer el instructivo (*instruction manual*) de los nuevos programas.

    REACCIÓN: ¡Qué bueno que Sara _____ (estar) tan interesada en la

    tecnología!

    OPINIÓN: Me parece que _____ (deber) tomar otra clase sobre los

    nuevos programas.

    RECOMENDACIÓN: Le aconsejo que le _____ (pedir) ayuda a un colega.

5. A Sergio le encanta conocer a la gente del mundo de la música internacional.

    REACCIÓN: ¡Qué padre que Sergio _____ (tener) una personalidad

    extrovertida!

    OPINIÓN: Supongo que _____ (haber escogido) la carrera

    perfecta para su personalidad.

    RECOMENDACIÓN: Recomiendo que no _____ (beber) demasiadas bebidas

    alcohólicas cuando trabaja con los conjuntos musicales hasta la madrugada.

    Es una tentación peligrosa en su profesión.

B. Secuencia de tiempos Llene los espacios en blanco con el verbo apropiado. Estudie los siguientes ejemplos antes de empezar.

Creo que corre mucho.
Creo que ha corrido mucho.
Creo que corrió/corría mucho.

No creo que corra mucho.
No creo que haya corrido mucho.
No creo que corriera mucho.

Creía que había corrido.
Creía que corrió/corría.

No creía que hubiera corrido.
No creía que corriera.

1. Sus amigos piensan que Diego trabaja demasiado.

No pienso que Diego _____ demasiado.

Pensaba que Diego _____ demasiado.

No pensaba que Diego _____ demasiado.

Suponía que Diego _____ demasiado.

2. Dicen que Sara ha comprado un billete de primera clase para volver a España.

Me parece que Sara _____ un billete caro.

Dudo que Sara _____ un billete caro.

Creía que Sara _____ un billete económico.

No creía que Sara _____ un billete caro.

3. Javier ha corrido dos maratones.

Creo que Javier _____ todos los días.

No pienso que Javier _____ todos los días.

Pensaba que Javier _____ sólo un maratón.

No creíamos que Javier _____ maratones.

C. Más gustos Lea la oración y luego cámbiela, según el modelo.

MODELO: Me gustan las margaritas que sirven en Chuy's (un club en Austin). →
a. Me gusta que sirvan buenas margaritas en Chuy's.
b. Me gustó que sirvieran buenas margaritas en Chuy's.

1. Nos encanta la música que tocan en Ruta Maya esta semana.

a. _____

b. _____

2. A Sara le fascinan las clases de literatura que ofrecen en la Universidad de Texas.

a. _____

b. _____

3. No me gustan los verbos irregulares que tenemos que memorizar.

a. _____

b. _____

4. A los dueños de Ruta Maya les emocionan los eventos que atraen a personas activas en la política de la ciudad.

    a. _____

    b. _____

5. Me encantan los cuadros que han puesto en las paredes de Ruta Maya.

    a. _____

    b. _____

¿CÓMO LE VA CON ESTOS PUNTOS CLAVE?

META COMUNICATIVA	PUNTOS CLAVE	VERY WELL	SOMEWHAT WELL	NOT WELL
G GUSTOS — Hablar de los gustos y las opiniones	indirect object pronouns	☐	☐	☐
	using **gustar**-type constructions	☐	☐	☐
	el subjuntivo después de **me gusta que, no creo que, no pienso que**	☐	☐	☐

D DESCRIBIR — LOS OTROS PUNTOS CLAVE

A. Descripción Complete el siguiente párrafo con la forma apropiada de cada palabra. Cuando **ser** y **estar** aparezcan juntos, escoja el verbo apropiado y conjúguelo según el contexto. Para cada verbo entre paréntesis que no sea **ser** ni **estar**, escriba la forma apropiada del participio pasado como adjetivo.

Según el artículo «La vida anti estrés», _____[1] (escribir) por una investigadora

_____[2] (renombrar), las presiones de la vida _____[3] (moderno)

son _____[4] (negativo) no sólo para el trabajador sino también para su familia.

Además, las mujeres se sienten más _____[5] (agotar) que los hombres. Su

vida _____[6] (ser/estar) _____[7] (agobiante) porque tienen

_____[8] (mucho) responsabilidades. Sin embargo, su estado de ánimo puede mejorar

si reservan el tiempo _____[9] (adecuado) para _____[10] (ser/estar) con

la familia y relajarse.

C COMPARAR — ❖**B. Comparación** Haga comparaciones entre su vida como estudiante de secundaria y su vida como estudiante universitario/a. Use los verbos indicados.

MODELO: reunirse →
En la escuela secundaria me reunía con los amigos más que en la universidad.

1. bromear _____

_____

(continúa)

2. conectarse al Internet _____

   _____

3. relajarse _____

   _____

4. madrugar _____

   _____

P **C. Narración en el pasado**
PASADO

Paso 1 Complete el siguiente párrafo con el pretérito o el imperfecto del verbo entre paréntesis.

Diego nunca _____[1] (faltar) al trabajo. No _____[2] (confiar) en que

nadie cuidara la tienda como él. _____[3] (Ser) un aspecto de su personalidad que le

_____[4] (molestar) mucho a Cristina. Pero Diego _____[5] (saber) que

su ausencia significaría un desastre para su negocio. De hecho, una vez _____[6]

(llegar) al trabajo tres horas tarde y _____[7] (encontrar) a todos los empleados frente

al televisor, mirando un partido de fútbol. Por supuesto, Diego _____[8] (poner)

el grito en el cielo[a] y _____[9] (jurar)[b] nunca más faltar al trabajo. Pero un día,

_____[10] (enfermarse) y simplemente no _____[11] (poder) ir.

[a](poner)… *to scream to high heaven*   [b](jurar)… *swear*

❖**Paso 2** Mire los siguientes dibujos que muestran lo que le pasó en Tesoros un día que Diego estaba enfermo. Vea unos posibles verbos que forman la columna de la historia (los eventos concretos que avanzan la narración) y unos posibles verbos que forman la carne de la historia (que añaden información de fondo, descripciones y emoción). Luego, escoja por lo menos cuatro verbos de cada categoría, conjugándolos y poniéndolos en el orden en que Ud. los va a usar para contar la historia.

1.   2.   3.

4.   5.

Palabras útiles: el/la cliente; el/la dependiente; el incendio (*fire*), la joyería (*jewelry*)

COLUMNA		CARNE
apagar	llegar	divertirse
asegurar	olvidarse	estar
decidir	ponerse	hablar
decir	prestar atención	sentirse
estallar en llamas*	probarse	ser
hablar		tener miedo

*to go up en flames

¡OJO! Los verbos posibles son solo ideas y algunos pueden usarse en el pretérito o el imperfecto, según el contexto.

COLUMNA (PRETÉRITO)   CARNE (IMPERFECTO)

_____   _____

_____   _____

_____   _____

_____   _____

cuando, mientras	por eso
entonces	sin embargo
primero, luego, después, finalmente	

❖**Paso 3** Con los verbos que Ud. apuntó en el **Paso 2**, escriba en otro papel o a computadora una narración de lo que pasó. No se olvide de incluir conectores para que su historia fluya mejor.

REACCIONAR
R
RECOMENDAR

❖**D. Reacciones y recomendaciones** Imagínese que Ud. es psicólogo/a y está trabajando con una ejecutiva muy estresada. Haga recomendaciones para que ella pueda disfrutar más de la vida. Use varios verbos y/o expresiones para darle consejos.

MODELO: Le aconsejo que pase más tiempo divirtiéndose con sus colegas.

1. _____

2. _____

3. _____

4. _____

H
HIPÓTESIS

E. Hacer hipótesis Imagínese que Ud. está hablando con un amigo muy fiestero. Complete las siguientes oraciones para decirle cómo cambiaría su vida si se dedicara más a los estudios y al trabajo. Para el número 6, invente otra hipótesis sobre el mismo tema, utilizando las otras oraciones como modelo.

1. Si no pospusieras siempre la tarea, _____ (sacar) mejores notas.

2. Si no _____ postear vídeos en Facebook constantemente no perderías tanto tiempo.

3. Si estuvieras más dispuesto a trabajar, _____ (tener) más éxito.

(continúa)

4. Si _____ (estudiar) todos los días, no te desvelarías la noche antes de un examen.

5. Si no gastaras tanto dinero en bebidas alcohólicas, _____ (poder) comprar los libros de texto.

❖6. Si _____

_____

F. Hablar del futuro

Paso 1   Llene el primer espacio en blanco con la forma apropiada del verbo entre paréntesis. Luego, escoja la mejor terminación para cada oración, conjugando el verbo de la terminación también.

TERMINACIONES

no (haber) tanto tráfico (seguir)   las máquinas de escribir (ser) obsoletas
sintiéndose quemados y desanimados   (tener) que recibir un sueldo más pequeño

1. Tan pronto como _____ (haber) computadora en cada casa, _____

_____

2. Cuando más personas _____ (empezar) a tener teletrabajos, _____

_____

3. Hasta que las compañías no _____ (ofrecer) más días de vacaciones, los empleados _____

4. Para que las secretarias _____ (ganar) más, los ejecutivos _____

_____

❖**Paso 2**   Ahora, conteste las siguientes preguntas con oraciones completas.

1. ¿Cómo festejará Ud. el día de su graduación?

_____

2. Después de graduarse, ¿cómo cambiará su vida?

_____

3. La próxima vez que tenga un fin de semana de tres días, ¿qué hará?

_____

G. Traducción   Traduzca las siguientes oraciones al español.

1. Sara had a bad time last night because her friend Pepe was in a bad mood and he behaved like a party pooper.

_____

_____

2. I would stay up all night if I had to prepare for an important exam.

_____

_____

LOS OTROS PUNTOS GRAMATICALES

A. Por/Para Complete el siguiente diálogo con **por** o **para,** según el contexto. Vea la explicación para los usos de **por** y **para** en las páginas moradas bajo el título **Los otros puntos gramaticales.**

LAURA: _____[1] meses, he tratado de convencer a Sara de que _____[2] aliviar el estrés de la tesis, debe tomar clases de salsa.

JAVIER: Sí, se sienta delante de la computadora _____[3] horas cada día sin hacer ningún tipo de ejercicio.

LAURA: Los jueves _____[4] la tarde hay una clase gratis ofrecida _____[5] el dueño de «Miguel's La Bodega».

JAVIER: Ah, sí, es verdad. De hecho, conozco bien al instructor. Trabaja _____[6] «Baila, Baila» y tiene fama _____[7] su paciencia y su gran sentido del humor.

LAURA: Estupendo. Esta vez voy a insistir. ¡A ver qué pasa!

B. El subjuntivo en cláusulas adjetivales Complete con la forma apropiada de los verbos entre paréntesis el siguiente mensaje que le mandó Diego a una agencia de empleo, describiendo lo que necesita encontrar en un nuevo ayudante. Vea la explicación del subjuntivo en cláusulas adjetivales en las páginas moradas bajo el título **Los otros puntos gramaticales.**

Busco un empleado que _____[1] (tener) experiencia en el mundo de los negocios y en el arte. Necesito alguien que _____[2] (saber) español e inglés. No hay nadie que _____[3] (poder) encargarse de la tienda cuando estoy de viaje. Por eso, espero encontrar a alguien que _____[4] (ser) responsable y confiable. La persona que Uds. me _____[5] (recomendar) la semana pasada no me pareció aceptable. ¿Hay alguien que _____[6] (cumplir) con estos requisitos?

❖Reciclaje del vocabulario y los puntos clave

¿De vacaciones? Escriba una oración para cada meta comunicativa sobre cómo sería estar de vacaciones con esta familia. Puede basarse en la tira cómica o puede usar sus propias ideas. Use una palabra de la lista en cada oración. Tres de las ocho oraciones deben ser preguntas.

agradable	discutir	harto/a
la armonía	exitoso/a	odiar
compartir	extrañar	rabioso/a
cursi	hablador(a)	

D
DESCRIBIR

1. descripción: _____

_____

_____

C
COMPARAR

2. comparación: _____

_____

_____

(continúa)

P

PASADO

REACCIONAR

R

RECOMENDAR

REACCIONAR

R

RECOMENDAR

G

GUSTOS

H

HIPÓTESIS

F

FUTURO

3. narración en el pasado: _____

4. reacción: _____

5. recomendación: _____

6. hablar de los gustos y las opiniones: _____

7. hacer hipótesis: _____

8. hablar del futuro: _____

Prueba diagnóstica: Capítulos 3 y 4

¿CÓMO LE VA CON LAS SIETE METAS COMUNICATIVAS?

Paso 1 Escoja la(s) palabra(s) apropiada(s), según el contexto. (15 puntos)

1. Sus amigos quieren que Diego _____ las pilas de vez en cuando.

   a. cargará   b. cargue   c. carga

2. Si Diego no se _____ tanto por su tienda, se divertiría más.

   a. preocuparía   b. preocupaba   c. preocupara

3. A Cristina _____ molesta _____ de su hermanastro.

   a. le / la actitud   b. se / los chistes   c. le / las bromas

4. Sergio _____ muy cansado cuando Laura lo _____ para invitarlo a cenar.

   a. estuvo/llamó   b. estaba/llamó   c. estaba/llamaba

5. Hasta que Diego _____ más, sus amigos no dejarán de fastidiarle por su adicción al trabajo.

   a. descansara   b. descansa   c. descanse

6. Si _____ estado en casa, _____ visto ese programa en la televisión.

   a. habrías/hubieras   b. hubieras/habrías   c. habías/habrías

7. Sergio bebe tanto café _____ Sara, pero come más _____ ella.

   a. como/que   b. que/como   c. como/de

8. A Laura _____ preocupan _____ que existen en Latinoamérica.

   a. le / el analfabetismo   b. se / los problemas   c. le / los problemas

9. Manuel y Laura _____ muy enamorados, aunque no se ven con frecuencia.

   a. son   b. estaban   c. están

10. Mientras Laura _____ la sopa, Sara _____ la casa.

    a. preparaba/limpiaba   b. preparaba/limpió   c. preparó/limpiaba

11. Es bueno que las personas _____ de los problemas que les preocupan.

    a. hablen   b. hablarán   c. hablan

12. Hay más _____ veinticinco espectáculos de gran calidad que tienen lugar aquí cada año.

    a. que   b. de   c. como

13. Tan pronto como _____ al rancho, todos _____ de buen humor.

    a. llegan/estarían   b. lleguen/estarán   c. lleguen/estarían

14. El espectáculo _____ en el nuevo teatro esta noche y todavía _____ algunas entradas disponibles (*available*).

    a. está/hay   b. es/son   c. es/hay

15. Cuando Diego _____ a Austin, no _____ a mucha gente.

    a. se mudaba / conocía   b. se mudó / conoció   c. se mudó / conocía

Paso 2 Llene los espacios en blanco con el artículo definido o indefinido o la forma apropiada de la palabra indicada, según el contexto. (7 puntos)

1. _____ temas que tratan los periódicos son muy _____ (variado).

2. Aunque Diego tiene _____ actitud muy positiva, a veces se siente un poco

    deprimido.

3. Cuando los amigos fueron al rancho, _____ agua del lago estaba demasiado

    _____ (frío) para nadar.

4. _____ vacaciones en la playa son relajantes y _____ (beneficioso)

    para el estado de ánimo.

Paso 3 Traduzca la siguiente oración al español. (3 puntos)

Latin American music fascinates Sergio as much as it fascinates his father.

_____

_____

◉ PRÁCTICA ORAL

❖Trabalenguas

G
GUSTOS
Lea y escuche las siguientes oraciones. Va a oírlas dos veces. Repita cada una después de oírla la segunda vez.

1. **A** Elena **le encantan** las exposiciones del pintor ecuatoriano Gonzalo Endara Crow.
2. **A** Imelda no **le importan** ni la inquietud de los indígenas ni el incremento de la inmigración.
3. **A** Sara **le encanta** el estreno de cualquier espectáculo extranjero en los Estados Unidos.
4. **A** Sergio y a Javier **les fascina** la idea de usar la terapia musical contra el estrés.
5. **A** los aguafiestas **les aburren** las actividades que animan cualquier fiesta.

María Metiche

P
PASADO
Escuche lo que dice María de lo que ocurrió el fin de semana pasado cuando todos estuvieron en el rancho. Luego, escriba cuatro oraciones para explicar qué hicieron los amigos en el rancho y tres más para describir cómo se sentían Diego, Cristina, Sara y Laura durante el fin de semana. Recuerde que María va a usar el pretérito para marcar el avance de la acción y el imperfecto para hacer descripciones de fondo.

Vocabulario útil: la barbacoa (*barbeque*); llover a cántaros (*to rain [come down in] buckets*)

¿Qué hicieron los amigos en el rancho?

1. _____
2. _____
3. _____
4. _____

¿Cómo se sentían?

5. _____
6. _____
7. _____

Vocabulario del tema

Va a escuchar una serie de oraciones. Va a oír cada oración dos veces. Empareje cada oración que oiga con la afirmación escrita más apropiada. (Las respuestas se dan en el programa auditivo.)

> **Vocabulario útil:** tener palanca (*to have connections, know the right people*)

>   a. Pero es necesario ser capaz y estar dispuesto a trabajar muy duro.
>   b. No es suficiente conocer a personos poderosas.
>   c. Las bromas y los chistes le encantan.
>   d. Se debe dormir lo suficiente para no enfermarse.
>   e. Muchos van a dejar de charlar con esa persona.

1. _____   2. _____   3. _____   4. _____   5. _____

Puntos clave

G GUSTOS

A. Los gustos   Escuche las oraciones e indique la opción que mejor corresponda. (Las respuestas se dan en el programa auditivo.)

1. ☐ las revistas de chismes   4. ☐ hacer ejercicios aeróbicos

    ☐ la sinfonía   ☐ los estudios

2. ☐ los conciertos al aire libre   5. ☐ las horas que Diego pasa en Tesoros

    ☐ la danza moderna   ☐ el amor al trabajo que tiene Diego

3. ☐ la comida picante   6. ☐ desvelarse

    ☐ las comidas exóticas   ☐ los estrenos de sus conciertos

B. Dictado   Escuche la siguiente serie de oraciones. Va a oír cada oración dos veces. Mientras Ud. escucha la segunda vez, escriba lo que oiga. Luego, identifique cuál de las metas comunicativas se representa en cada oración. Puede escuchar las oraciones más de una vez, si quiere.

> **Vocabulario útil:** sacarse el aire (*to work very hard*)

Metas comunicativas: **D** DESCRIBIR   **C** COMPARAR   **P** PASADO   **R** REACCIONAR RECOMENDAR   **G** GUSTOS   **H** HIPÓTESIS   **F** FUTURO

1. _____
    _____

2. _____
    _____

3. _____
    _____

4. _____
    _____

5. _____
    _____

Para escuchar mejor: Mercedes Sosa

ANTES DE ESCUCHAR

❖ **A.** **Anticipar la información**   Ud. va a escuchar parte de una conferencia sobre la vida de la cantante argentina Mercedes Sosa. Antes de escuchar, indique las palabras de la lista que Ud. cree que podría escuchar durante la conferencia.

☐ un concurso   ☐ las relaciones amorosas

☐ los dictadores militares   ☐ el rock

☐ el estilo   ☐ la salud

☐ el exilio   ☐ el tango

☐ el éxito   ☐ la terapia

☐ la justicia social   ☐ la voz

☐ la música tradicional

B. **Vocabulario en contexto**   Escuche las siguientes cuatro oraciones tomadas de la conferencia. Después de oír cada una dos veces, escriba el número que oiga en la oración.

1. _____   2. _____   3. _____   4. _____

¡A ESCUCHAR!

A. **Comprensión**   Ahora, escuche la conferencia sobre Mercedes Sosa. Luego, indique si las siguientes oraciones son ciertas (C) o falsas (F), según lo que Ud. oy en la conferencia.

		C	F
1.	Mercedes Sosa nació en Bolivia y vivió en la Argentina.	☐	☐
2.	La música folclórica de los Andes tenía mucha influencia en Mercedes Sosa.	☐	☐
3.	La «nueva canción» protestaba contra las injusticias sociales.	☐	☐
4.	Mercedes Sosa fue una de las cantantes más importantes de la «nueva canción».	☐	☐
5.	Mercedes Sosa cantaba casi exclusivamente música tradicional de la Argentina.	☐	☐

❖ **B.** **¡Apúntelo!**   Ahora, vuelva a escuchar la conferencia. Tome apuntes en otro papel o a computadora, organizando sus apuntes según las siguientes categorías.

1. biografía   3. estilo y temas actuales
2. la época de la «nueva canción»   4. otros apuntes

❖ **C.** **En resumen**   Ahora, en otro papel o a computadora, haga un breve resumen del contenido de la conferencia, basándose en lo que Ud. escuchó y en sus apuntes.

For more resources and practice with the vocabulary, grammar, and culture presented in this chapter, check out Connect Spanish (**www.connectspanish.com**).

CAPÍTULO 5

PRÁCTICA ESCRITA

Vocabulario del tema

A. Lo contrario Escriba la letra de la palabra de la Columna B que corresponda a la palabra opuesta de la Columna A.

COLUMNA A

1. _____ la paz
2. _____ el prejuicio
3. _____ la desnutrición
4. _____ la pobreza
5. _____ el poder
6. _____ pesimista
7. _____ desilusionante
8. _____ enterarse
9. _____ colaborar
10. _____ inquietante

COLUMNA B

a. tranquilizador(a)
b. emocionante
c. optimista
d. la buena salud
e. la riqueza
f. no saber nada
g. la debilidad
h. trabajar solo
i. la guerra
j. la tolerancia

B. ¿Cuál no pertenece? Indique la palabra que no pertenece a cada serie de palabras. Luego, escriba una oración para explicar o mostrar por qué no pertenece.

1. el analfabetismo, la desnutrición, el hambre, el bienestar

_____

2. activista, altruista, optimista, egoísta

_____

3. la líder, la campaña, la huelga, la manifestación

_____

4. colaborar con, combatir, promover, respetar

_____

C. Ampliación léxica

Paso 1 Lea las siguientes palabras y escriba las palabras que faltan.

SUSTANTIVOS	VERBOS	ADJETIVOS
el choque	chocar (con)	**chocante**
la desilusión	desilusionar	**desilusionante**
_____ 1	_____ 2	resuelto/a
_____ 3	_____ 4	**alarmante**
_____ 5	**desarrollar**	_____ 6
_____ 7	_____ 8	colaborado/a

Paso 2 Lea el siguiente párrafo sobre los problemas que tiene el Ministro de Salud de un país andino. Mientras lee, indique si los espacios en blanco requieren un sustantivo (S), un verbo (V) o un adjetivo (A), según el contexto, y escriba la letra S, V o A correspondiente. Luego, llene cada espacio en blanco con la palabra apropiada de la lista del **Paso 1.**

Cuando el nuevo Ministro de Salud vio que el programa que se había _____

(S / V / A)[1] para combatir el hambre iba a fracasar, fue muy _____ (S / V / A).[2]

Luego, decidió llevar a cabo una investigación. Resultó que había muchas peleas y

_____ (S / V / A)[3] entre los oficiales y los que iban a distribuir la comida.

El ministro pensaba que su programa estaba en peligro por la falta de _____

(S / V / A)[4] entre ellos, pero cuando se enteró de que los oficiales eran corruptos, se

_____ (S / V / A)[5] tanto que decidió conseguir la ayuda de una organización no

gubermental para ayudarlo a _____ (S / V / A)[6] el problema.

❖ **D. Asociaciones** Escriba dos palabras que se asocien con cada una de las siguientes palabras.

1. una campaña política _____ _____

2. la gente indígena _____ _____

3. la huelga _____ _____

❖ **E. Definiciones** Escriba una definición en español para cada una de las siguientes palabras.

1. postularse _____

_____

2. el bienestar _____

_____

3. crear conciencia _____

_____

4. el analfabetismo _____

_____

F. El mundo actual Complete la siguiente descripción de las preocupaciones del padre de Laura. Llene cada espacio en blanco con la(s) palabra(s) apropiada(s) de la lista que está a continuación.

alarmante	desnutrición	narcotráfico
alarmista	guerra	prejuicio
altruista	hacer de voluntaria	se entera
bienestar	horripilantes	

Hay muchas personas que piensan que la situación actual en el mundo es

_____.[1] El padre de Laura, por ejemplo, siempre está leyendo de

horrores como la _____[2] de los niños en los países subdesarrollados, el

_____[3] tanto en los países que producen drogas como en los que las

consumen, y otros temas _____[4] que aparecen en los periódicos.

Ahora tiene miedo porque su hija quiere _____[5] en Sudamérica.

Mientras él entiende que es _____[6] hacerlo, le preocupa el

_____[7] de su hija. Laura cree que su padre es

_____,[8] que sólo _____[9] de lo malo que

pasa en esta región y que no sabe de las cosas positivas que ocurren allí.

Puntos clave

> **Pista caliente** If you find you are having difficulty with a particular grammar point, review the appropriate grammar explanation(s) found in the green pages near the back of the main text.

PRÁCTICA DE FORMAS VERBALES

A. Práctica de conjugación Complete la siguiente tabla con las conjugaciones apropiadas de los verbos indicados.

	PRESENTE DE INDICATIVO	PRETÉRITO/ IMPERFECTO	PRESENTE PERFECTO	FUTURO/ CONDICIONAL	PRESENTE DE SUBJUNTIVO	PASADO DE SUBJUNTIVO
1. **financiar** (yo)						
2. **desarrollar** (nosotros)						
3. **negociar** (ella)						

(continúa)

	PRESENTE DE INDICATIVO	PRETÉRITO/ IMPERFECTO	PRESENTE PERFECTO	FUTURO/ CONDICIONAL	PRESENTE DE SUBJUNTIVO	PASADO DE SUBJUNTIVO
4. enterarse (yo)						
5. promover (ue) (ellos)						
6. elegir (tú)						

B. Traducciones: Ofrecerla Traduzca las siguientes oraciones. Recuerde utilizar los pronombres de complemento directo e indirecto siempre que sea posible.

MODELOS: Get up (**tú**). → Levántate.
Don't get up (**tú**). → No te levantes.
I'm writing to her. → Le estoy escribiendo. / Estoy escribiéndole.
We want to send it (**el paquete**) to you (**Ud.**). →
   Se lo queremos enviar. / Queremos enviárselo.
She had already left when I arrived. → Ella ya se había ido cuando llegué.

1. I offer it (**la paz**). _____

2. I am offering it. _____

3. I offered it. _____

4. I used to offer it. _____

5. I have offered it. _____

6. I had offered it. _____

7. I will offer it. _____

8. I would offer it. _____

9. It's incredible that I (am going to) offer it. _____

10. It was incredible that I offered it. _____

11. Offer it (**tú**). _____

12. Don't offer it (**Uds.**). _____

13. Let's offer it to them. _____

H LOS PUNTOS CLAVE PRINCIPALES: HACER HIPÓTESIS

HIPÓTESIS

A. Si fuera posible Cambie las siguientes oraciones para hacer una hipótesis.

> MODELO: Si voy a España, visitaré el Museo del Prado en Madrid. →
> Si fuera a España, visitaría el Museo del Prado en Madrid.

1. Si Sergio recibe una invitación, irá al festival musical en Viña del Mar.

   _____

2. Si Javier vuelve a Puerto Rico, se casará con una puertorriqueña.

   _____

3. Si Sergio está en Pamplona en julio, correrá con los toros.

   _____

4. Si Laura puede, pasará tres meses en Bolivia y Colombia.

   _____

5. Si los padres de Sara la visitan en Texas, tratarán de convencerla de que regrese a España.

   _____

6. Si Diego abre otra tienda en Nuevo México, estará agobiado constantemente.

   _____

B. ¿Qué harían los cinco amigos? Complete las siguientes oraciones con la forma apropiada del verbo entre paréntesis. Luego, añada un comentario.

1. Si Sara _____ (heredar) un montón de dinero _____ (comprar)

   una casa en Portugal, porque _____

2. Si Laura _____ (ir) a Bolivia y Colombia, su padre _____

   (protestar), puesto que _____

3. Si Javier _____ (mudarse) a Puerto Rico, su madre _____ (estar)

   muy contenta, ya que _____

4. Si Cristina _____ (dejar) plantado a Diego, él _____ (sentirse)

   apenado; sin embargo, _____

5. Si Diego _____ (hacerse) un tatuaje, todos sus amigos _____

   (estar) muy sorprendidos, porque _____

6. Si Sergio no _____ (tener) tantos contactos, le _____ (ser) muy

   difícil tener éxito en su profesión, puesto que _____

❖ **C. Decisiones** Complete las siguientes oraciones, utilizando el condicional o el pasado de subjuntivo, según el contexto.

1. Mi vida sería pésima si _____

2. Yo adoptaría a un niño / una niña de otro país si _____

3. Si estuviera de vacaciones, _____

4. Mis padres me extrañarían si _____

5. Si tuviera más tiempo libre, _____

6. Si no fuera estudiante, _____

7. Si quisiera bajar de peso, _____

8. Diego sería menos tacaño si _____

❖ **D. Si fuera...** Lea cada oración y luego reaccione, ofrezca su opinión y diga qué haría si fuera esta persona.

1. Luis Alberto, un colega de Laura, quiere que ella deje sus clases y vaya a Bolivia y Colombia para ayudarlo con un proyecto.

   REACCIÓN: Es interesante que _____

   OPINIÓN: No creo que _____

   HIPÓTESIS: Si yo fuera Laura, _____

2. Al padre de Laura le preocupa el narcotráfico y el terrorismo que tienen lugar en los países donde su hija quiere trabajar.

   REACCIÓN: Es alarmante que _____

   OPINIÓN: Pienso que _____

   HIPÓTESIS: Si fuera el padre de Laura, _____
   _____

3. El padre de Laura fue a la India con el Cuerpo de Paz en los años 60.

   REACCIÓN: Es impresionante que _____

   OPINIÓN: Cuando su padre era joven, él no creía que _____

   HIPÓTESIS: Si yo fuera voluntario/a del Cuerpo de Paz, _____
   _____

4. El padre de Laura siempre animaba a sus hijos a ser activistas en la política.

   REACCIÓN: Es admirable que _____

   OPINIÓN: No pienso que _____

   HIPÓTESIS: Si fuera activista, _____
   _____

E. **¿Qué haría la gente?** Describa lo que harían las siguientes personas si hubiera un golpe de estado (*coup d'état*) contra un dictador fascista. Incluya el porqué de sus acciones en su respuesta.

1. El dictador _____ (escaparse) a la selva, porque _____

_____

2. Una ciudadana rica _____ (irse) a Suiza, porque _____

_____

3. Un ciudadano analfabeto _____ (colaborar) con los rebeldes, porque _____

_____

4. Un narcotraficante _____ (esconderse)[a] porque _____

_____

5. Un estudiante idealista _____ (hacer) de voluntario porque _____

_____

6. Un partido marxista _____ (donar) dinero a la revolución, porque _____

_____

[a]*to hide*

¿CÓMO LE VA CON ESTOS PUNTOS CLAVE?

META COMUNICATIVA	PUNTOS CLAVE	VERY WELL	SOMEWHAT WELL	NOT WELL
H HIPÓTESIS Hacer hipótesis	Conditional verb forms	☐	☐	☐
	Past subjunctive verb forms	☐	☐	☐
	Using correct forms to hypothesize	☐	☐	☐
	subjunctive after **me gusta que, no creo que, no pienso que**	☐	☐	☐

LOS OTROS PUNTOS CLAVE

D DESCRIBIR

A. **Descripción** Complete la siguiente descripción de la prensa. Llene cada espacio en blanco con la forma apropiada de la palabra indicada.

La prensa es una institución _____[1] (moderno) cuya meta es darle información

_____[2] (práctico) al público. Sus reportajes sobre los acontecimientos

_____[3] (actual) pueden abrirles los ojos a las personas _____[4]

(inteligente) y sus editoriales _____[5] (escandaloso) a veces cambian la manera de

pensar de la gente. Si yo fuera reportero, escribiría sobre los políticos _____[6]

(corrupto), los narcotraficantes _____[7] (polémico) y las pandillas

_____[8] (peligroso), porque son temas que están de moda. Sin em-bargo, ya que

sólo soy un ciudadano _____[9] (común), sólo puedo leer los artículos sobre estos

asuntos _____[10] (crítico).

C **B. Comparación** Haga una comparación entre los conceptos, siguiendo las indicaciones.

COMPARAR

1. el analfabetismo **/** la desnutrición (alarmante) =

_____

_____

2. el terrorismo **/** el narcotráfico (horripilante) +

_____

_____

3. un activista **/** un oportunista (egoísta) −

_____

_____

P **C. Narración en el pasado**

PASADO

Paso 1 Complete el siguiente párrafo con el pretérito o el imperfecto del verbo entre paréntesis.

Javier siempre ha sido muy bromista. A Sara y a Laura normalmente no les _____[1] (molestar) sus bromas, porque por lo general no las _____[2] (afectar). Pero una vez, cuando ellas menos lo _____[3] (esperar), Javier les _____[4] (hacer) una broma pesada. Todo _____[5] (comenzar) un lindo día de marzo. _____[6] (Hacer) fresco y sol, y Sara y Laura lo _____[7] (pasar) muy bien en un evento especial para recaudar fondos.[a] Pero Javier _____[8] (estar) esperando el momento preciso para hacerles la broma. Lo que _____[9] (hacer) Javier les _____[10] (dar) un gran susto.

[a]recaudar… _raise funds_

❖ **Paso 2** Mire los siguientes dibujos que muestran lo que les pasó a Laura y Sara un día que trabajaban de voluntarias. Vea unos posibles verbos que forman la columna de la historia (los eventos concretos que avanzan la narración) y unos posibles verbos que forman la carne de la historia (que añaden información de fondo, descripciones y emoción). Luego escoja por lo menos cuatro verbos de cada categoría, conjugándolos y poniéndolos en el orden en que Ud. los va a usar para contar la historia.

1.

2.

3.

4.   5.

Palabra útil: pegar (*to hit*)

COLUMNA	CARNE
acercarse	aceptar
devolver	estar
enseñar	haber
mirar	mirar
pegar	recaudar fondos
preguntarse	trabajar
quitar	

¡OJO! Los verbos posibles son solo ideas y algunos pueden usarse en el pretérito o el imperfecto, según el contexto.

COLUMNA (**PRETÉRITO**)	CARNE (**IMPERFECTO**)
_____	_____
_____	_____
_____	_____
_____	_____

 ❖**Paso 3** Con los verbos que Ud. apuntó en el **Paso 2,** escriba en otro papel o a computadora una narración de lo que pasó. No se olvide de incluir conectores para que su historia fluya mejor.

cuando, mientras	por eso
entonces	sin embargo
primero, luego, después, finalmente	

 ❖**D. Reacciones y recomendaciones** Escriba una reacción (a.) y una recomendación (b.) para los siguientes titulares. Luego, cambie la recomendación al pasado (c.).

MODELO: Cinco personas mueren durante una manifestación pacífica →
    a. ¡Qué triste que cinco personas hayan muerto!
    b. Es importante que la policía no imponga métodos de control violentos.
    c. Era importante que la policía no impusiera métodos de control violentos.

1. Aumenta la tasa (*rate*) de analfabetismo en los Estados Unidos

    a. _____

    b. _____

    c. _____

(continúa)

2. Muchos de los jóvenes ya están hartos de las inequidades enormes entre los ricos y pobres de este país.

   a. _____

   b. _____

   c. _____

3. Según las últimas encuestas (*polls*), muchos ciudadanos jóvenes hacen de voluntario/a.

   a. _____

   b. _____

   c. _____

G
GUSTOS

E. Hablar de los gustos y las opiniones   Cambie cada oración al pasado.

MODELO: A Cristina le fastidia que Diego trabaje tanto. →
          A Cristina le fastidiaba que Diego trabajara tanto.

1. A Laura le molesta que su padre sea tan cauteloso. _____

   _____

2. A Javier le encanta que los clientes de Ruta Maya tengan interés en la política. _____

   _____

3. A Sergio y Diego les gusta que puedan donar dinero a las ONGs cada año. _____

   _____

4. A Laura le importa que haya gente generosa en este mundo. _____

   _____

5. A los cinco amigos les encanta que en Austin haya mucha gente activa en la política. _____

   _____

F
FUTURO

F. Hablar del futuro   ¿Cómo cambiará la situación política de este país en los próximos veinte años? Complete las siguientes oraciones con la forma apropiada del verbo entre paréntesis y un comentario adicional.

1. En cuanto la amenaza (*threat*) del terrorismo _____ (terminar), _____

   _____

2. Tan pronto como _____ (permitirse) el matrimonio entre miembros del mismo sexo,

   _____

   _____

3. Cuando _____ (haber) más tolerancia, _____

   _____

G. Traducción   Traduzca las siguientes oraciones al español.

1.   Laura's father doesn't want her to go to Colombia because the violence bothers him.

_____

_____

2.   If you volunteered in Latin America, you would learn Spanish quickly, and you would work with many fascinating people.

_____

_____

LOS OTROS PUNTOS GRAMATICALES

A.   Los pronombres relativos   Complete el siguiente discurso de una candidata presidencial con los pronombres relativos apropiados: **que, quien(es), el/la/los/las que, el/la/los/las cuales, lo que, lo cual, cuyo/a, donde.** Vea la explicación de los pronombres relativos en las páginas moradas bajo el título **Los otros puntos gramaticales.**

Mis queridos compatriotas: Mis promesas no son vacías. _____[1] este país necesita

es liderazgo. Juan el Santo, _____[2] es el religioso más importante de esta gran

nación, sabe que yo, y sólo yo, tengo esa cualidad. Nuestra gran científica, Josefa la Sabia, con

_____[3] estuve cenando ayer, me da su apoyo. Las prácticas corruptas de esta admi-

nistración, de _____[4] todos se quejan con justa razón, tienen que parar. El presidente

actual, _____[5] hijos tienen coches caros y ropa de última moda, no entiende el sufri-

miento de la gente común. Pero yo conozco a las personas _____[6] necesitan apoyo,

y sé que en nuestro magnífico país hay mucha pobreza, pero también hay deseo de trabajar. Sí,

_____[7] Uds. necesitan es una presidenta que sepa resolver los problemas.

B.   Por/Para   Complete el siguiente párrafo con **por** o **para,** según el contexto. Vea la explicación de **por** y **para** en las páginas moradas bajo el título **Los otros puntos gramaticales.**

Hay personas altruistas y dedicadas que quieren ser políticos _____[1] cambiar el mundo.

Pero, _____[2] supuesto, hay muchos políticos que lo hacen _____[3] el poder que

les ofrece. _____[4] muchos años Javier siguió a un político puertorriqueño que hacía todo

lo posible _____[5] combatir las injusticias contra los inmigrantes en Nueva York. Este

hombre quería vivir de cerca la experiencia de los inmigrantes; _____[6] eso, cada sábado

pasaba _____[7] los barrios pobres _____[8] hablar con la gente y _____[9]

enterarse de sus necesidades. _____[10] Javier, la dedicación y sinceridad de este hombre

son impresionantes.

❖Reciclaje del vocabulario y los puntos clave

El mundo de hoy   Escriba una oración sobre el estado del mundo actual para cada meta comunicativa. Puede basarse en la tira cómica o puede usar sus propias ideas. Use una palabra de la lista en cada oración. Tres de las ocho oraciones deben ser preguntas. ¡Sea creativo/a!

caerle bien/ mal (a alguien)	la desigualdad	el prejuicio
confiar en	dispuesto/a	preocupante
dañino/a	la explotación	seguir + *gerundio*
	polémico/a	tratar de

D
DESCRIBIR
1. descripción: _____

_____

_____

C
COMPARAR
2. comparación: _____

_____

_____

P
PASADO
3. narración en el pasado: _____

_____

REACCIONAR
R
RECOMENDAR
4. reacción: _____

_____

REACCIONAR
R
RECOMENDAR
5. recomendación: _____

_____

G
GUSTOS
6. hablar de los gustos y las opiniones: _____

_____

H
HIPÓTESIS
7. hacer hipótesis: _____

_____

F
FUTURO
8. hablar del futuro: _____

_____

CAPÍTULO 5

🎧 PRÁCTICA ORAL

❖ Trabalenguas

H
HIPÓTESIS
Lea y escuche las siguientes oraciones. Va a oírlas dos veces. Repita cada una después de oírla la segunda vez.

1. Si la metedura de pata de Petra **fuera** menos problemática, la **perdonaría.**
2. Elena **evitaría** el estrés si **estuviera** menos enojada con el éxito de su ex esposo.
3. Pedro **perdería** menos tiempo si **empleara** a Paula para que preparara el presupuesto.
4. Victoria **volvería** de sus vacaciones para hacer de voluntaria si no **fuera** tan vaga.
5. Si Chema **chocara** con un carro caro, **continuaría** conduciendo hacia su condo para esconderse. Es cobarde.

María Metiche

P
PASADO
Escuche lo que dice María de los problemas que Laura ha tenido con su padre. Luego, escriba cinco oraciones para describir qué hicieron Laura y su padre y tres más sobre cómo se sentían los dos. Recuerde que María va a usar el pretérito para marcar el avance de la acción y el imperfecto para hacer descripciones de fondo.

¿Qué hicieron Laura y su padre?

1. _____
2. _____
3. _____
4. _____
5. _____

¿Cómo se sentían los dos?

6. _____
7. _____
8. _____

Vocabulario del tema

Lea las oraciones a continuación y escuche cada uno de los titulares. Luego, escriba la letra de la reacción más apropiada en el espacio en blanco correspondiente. (Las respuestas se dan en el programa auditivo.)

Vocabulario útil: la sede (*headquarters*), la SIDA (*AIDS*)

a. Es alarmante que haya tanta hambre y pobreza.
b. Es triste que los ciudadanos sufran debido a los conflictos internacionales que causa la dictadura.
c. Es horrible que la venta de drogas siga a pesar de los esfuerzos internacionales.
d. Es importante que sigamos tratando de erradicar esta enfermedad.
e. Es evidente que los candidatos tienen enemigos en esta ciudad.

1. _____   2. _____   3. _____   4. _____   5. _____

Puntos clave

A. La campaña contra la pobreza Escuche cada oración y luego indique si el verbo expresa una idea posible o hipotética. (Las respuestas se dan en el programa auditivo.)

	ES POSIBLE.	ES HIPOTÉTICO.
1.	☐	☐
2.	☐	☐
3.	☐	☐
4.	☐	☐
5.	☐	☐

B. Dictado Escuche la siguiente serie de oraciones. Va a oír cada oración dos veces. Mientras Ud. escucha la segunda vez, escriba lo que oiga. Luego, identifique cuál de las metas comunicativas se representa en la oración. Puede escuchar las oraciones más de una vez, si quiere.

Metas comunicativas: **D** **C** **P** **R** **G** **H** **F**
DESCRIBIR   COMPARAR   PASADO   RECOMENDAR   GUSTOS   HIPÓTESIS   FUTURO

Vocabulario útil: el rehén (*hostage*), el sospechoso (*suspect*)

1. _____

   _____

2. _____

   _____

3. _____

   _____

4. _____

   _____

5. _____

   _____

Para escuchar mejor: La gente indígena del Ecuador

ANTES DE ESCUCHAR

❖ **A. Anticipar la información**   Ud. va a escuchar parte de una conferencia sobre las nuevas actividades políticas de la gente indígena del Ecuador. Antes de escuchar, anote cinco palabras de vocabulario que Ud. cree que podría oír durante la conferencia.

1. _____   4. _____

2. _____   5. _____

3. _____

B. Vocabulario en contexto   Escuche las siguientes cuatro oraciones tomadas de la conferencia. Después de oír cada una dos veces, escriba el número que oiga en la oración.

1. _____   2. _____   3. _____   4. _____

¡A ESCUCHAR!

A. Comprensión   Ahora, escuche la conferencia sobre la gente indígena. Luego, indique la opción que *no* es apropiada para completar cada oración a continuación.

1. Los grupos indígenas tienen diversas _____.

   a. costumbres   b. lenguas   c. ambiciones

2. Todos tienen problemas parecidos, como _____.

   a. la falta de dinero   b. el clima   c. la falta de trabajo

3. La confederación (CONAIE) quiere mejorar la situación de _____.

   a. la educación   b. los derechos humanos   c. los mestizos

4. La conferencia menciona _____.

   a. nuevas leyes   b. organizaciones indígenas   c. problemas sociales

❖ **B. ¡Apúntelo!**   Ahora, vuelva a escuchar la conferencia. Tome apuntes en otro papel o a computadora, organizando sus apuntes según el siguiente bosquejo (*outline*).

   I. Los grupos indígenas del Ecuador
      A. número de nacionalidades diferentes:
      B. características que las separan:
      C. características que comparten:
   II. La CONAIE
      A. significado del nombre:
      B. metas principales:
   III. Pachacútic
      A. significado del nombre:
      B. metas principales (cuatro revoluciones):
      C. logros en las elecciones:
   IV. Eventos recientes
      A. 2005
      B. 2008

❖ **C. En resumen**   Ahora, en otro papel o a computadora, haga un breve resumen del contenido de la conferencia, basándose en lo que Ud. escuchó y en sus apuntes.

For more resources and practice with the vocabulary, grammar, and culture presented in this chapter, check out Connect Spanish (**www.connectspanish.com**).

CAPÍTULO 6

PRÁCTICA ESCRITA

Vocabulario del tema

A. Lo contrario   Escriba la letra de la palabra de la columna B que mejor corresponda a la palabra opuesta de la columna A.

A

1. _____ beneficiarse
2. _____ lucrativo/a
3. _____ proveer
4. _____ filantrópico/a
5. _____ codicioso/a
6. _____ emprendedor/a
7. _____ erradicar
8. _____ tener salida
9. _____ capaz
10. _____ estimulante

B

a. inepto/a
b. quitar
c. no tener futuro
d. repetitivo/a
e. hacerse daño
f. fomentar
g. egoísta
h. no rentable
i. vago/a
j. generoso/a

B. La importancia de estudiar otras lenguas   Llene los espacios en blanco con la palabra apropiada. Haga los cambios necesarios en los adjetivos y los verbos.

La _____[1] (habilidad / inversión) de hablar varios idiomas es una

_____[2] (mano de obra / herramienta) esencial en este mundo globalizado. Los

empleados más _____[3] (codicioso / emprendedor) toman clases de inglés en el

Consejo Británico y de francés en la Alianza Francesa. Allí hay clases que _____[4]

(enfocarse / satisfacer) en varias carreras distintas —inglés para médicos, francés para ingenieros,

etcétera. Hoy en día la gente más _____[5] (ambicioso / justo) también toma clases

de chino. Una persona que habla chino puede esperar el doble de _____[6]

(empeño / ingreso) que su contraparte monolingüe. Sin duda, saber otros idiomas no

sólo _____[7] (proveer / diseñar) beneficios económicos sino también

_____[8] (ampliar / recaudar) sus horizontes culturales y lo ayuda a ser un mejor

ciudadano del mundo.

C. Ampliación léxica

Paso 1   Lea las siguientes palabra y escriba las palabras que faltan.

SUSTANTIVOS	VERBOS	ADJETIVOS
la conciencia la garantía el enfoque la especialización	concientizar garantizar enfocarse especializarse	concienzudo/a garantizado/a enfocado/a especializado/a
la promesa	prometer	_____ [1]
el conocimiento	_____ [2]	_____ [3]

Paso 2   Lea el siguiente párrafo que Sara escribió. Mientras lee, indique si los espacios en blanco requieren un sustantivo (S), un verbo (V) o un adjetivo (A), según el contexto, y escriba la letra S, V o A correspondiente. Luego, llene cada espacio en blanco con la palabra apropiada de la lista del **Paso 1**.

Muchos estudiantes universitarios actuales, tienen _____ (S / V / A)[1] de la falta de

oportunidades laborales en el área de su _____ (S / V / A)[2] académica. Aunque se

gradúan con el _____ (S / V / A)[3] necesario para una carrera prometedora, la realidad

no les _____ (S / V / A)[4] nada. En vista de esta situación, sus consejeros académicos

les ayudan a conseguir pasantías que _____ (S / V / A)[5] en las destrezas que serán

atractivos en el mercado laboral de cualquier empresa o institución que busca gente

_____ (S / V / A)[6] con por lo menos un poco de experiencia en su campo de

especialización.

❖ **D.   Oraciones compuestas**   Combine los elementos para escribir oraciones originales.

> MODELO: A corto plazo **/** las empresas **/** dedicarse a →
> A corto plazo las empresas se dedicarán a buscar inversiones más rentables.

1.   A largo plazo **/** la bolsa de valores **/** beneficiarse

_____

2.   la gente corrupta **/** ganarse la vida **/** por medio de

_____

3.   En vista de la crisis actual **/** las organizaciones sin fines de lucro **/** recaudar fondos

_____

4.   Las ONGs **/** fomentar **/** tanto… como…

_____

❖ **E.   Definiciones**   Escriba una definición en español para cada una de las siguientes palabras.

1.   la pasantía _____

2.   ganarse la vida _____

3.   la destreza _____

4.   recaudar fondos _____

5.   la investigación _____

❖ F. **¿Cómo son estas personas?** Escriba 2-3 oraciones sobre el comportamiento de las siguientes personas. Utilice el vocabulario nuevo de este capítulo.

1. un jefe codicioso / una jefa codiciosa _____

2. un estudiante emprendedor / una estudiante emprendedora _____

3. una persona filantrópica _____

Puntos clave

Pista caliente If you find you are having difficulty with a particular grammar point, review the appropriate grammar explanation(s) found in the green pages near the back of the main text.

PRÁCTICA DE FORMAS VERBALES

A. **Práctica de conjugación** Complete la siguiente tabla con las conjugaciones apropiadas de los verbos indicados.

	PRESENTE DE INDICATIVO	PRETÉRITO/ IMPERFECTO	PRESENTE PERFECTO	FUTURO/ CONDICIONAL	PRESENTE DE SUBJUNTIVO	PASADO DE SUBJUNTIVO
1. **enfocarse (yo)**						
2. **animar (nosotros)**						
3. **asegurar (ella)**						
4. **garantizar (yo)**						

	PRESENTE DE INDICATIVO	PRETÉRITO/ IMPERFECTO	PRESENTE PERFECTO	FUTURO/ CONDICIONAL	PRESENTE DE SUBJUNTIVO	PASADO DE SUBJUNTIVO
5. especializarse (ellos)						
6. diseñar (tú)						

B. Traducciones: investigarlas Traduzca las siguientes oraciones. Recuerde utilizar los pronombres de complemento directo e indirecto siempre que sea posible. Vea los modelos y preste atención a la colocación de los pronombres y acentos escritos.

MODELOS: Send it to him (**tú**). → Mándaselo.
Don't send it to him (**tú**). → No se lo mandes.
I'm sending it to him. → Se lo estoy mandando. / Estoy mandándoselo.
We want to send it to you (**Ud.**). → Se lo queremos mandar. / Queremos mandárselo.
She had already sent it. → Ya se lo había mandado.

1. You (**Tú**) investigate them. _____

2. You are investigating them. _____

3. You investigated them. _____

4. You used to investigate them. _____

5. You have investigated them. _____

6. You had already investigated them. _____

7. You will investigate them. _____

8. You would investigate them. _____

9. I don't like it that you investigate them. _____

10. I didn't like it that you investigated them. _____

11. Don't investigate them. (**Ud.**). _____

12. Let's investigate them. _____

F. LOS PUNTOS CLAVE PRINCIPALES: HABLAR DEL FUTURO

FUTURO

A. **Todos los amigos ayudarán**   Escriba lo que harán los amigos para ayudar a Sergio con un congreso que prepara Sergio.

1. Laura _____ (recoger) a Rigoberta Menchú en el aeropuerto.

2. Diego y Cristina _____ (distribuir) los carteles.

3. Javier _____ (poner) unos anuncios en las paredes de Ruta Maya.

4. Diego les _____ (decir) a todos sus clientes la fecha y lugar del congreso.

5. Sara _____ (tener) una fiesta para todos los que han ayudado con el congreso.

6. Sergio dice: «(Yo) _____ (estar) listo para un descanso después del congreso.

   Todos nosotros _____ (poder) escaparnos al rancho otra vez, ¿verdad?»

B. **A SPACE**   Después de las conjunciones **antes de que, sin que, para que, a menos que, con tal de que** y **en caso de que** siempre se usa el subjuntivo. Llene los espacios en blanco con la forma apropiada del presente o pasado de subjuntivo, según el contexto.

1. Los jueves Javier siempre sale con Laura con tal de que no _____ (tener) que

   trabajar.

2. Antes, Javier siempre salía con Laura los miércoles con tal de que no _____

   (tener) que trabajar.

3. Mañana Javier saldrá con Laura a menos que ella _____ (estar) ocupada.

4. Sara le recomendó a Javier que _____ (salir) con Laura el martes a menos que

   _____ (estar) ocupada.

5. En caso de que _____ (haber) complicaciones con los conjuntos musicales,

   Sergio siempre está listo para resolver cualquier problema.

6. En caso de que _____ (haber) complicaciones con los conjuntos musicales,

   Sergio estaba listo para resolver cualquier problema.

7. Los dueños de Ruta Maya le aconsejaron a Sergio que los _____ (llamar)

   para que no _____ (haber) ningún problema.

8. El sábado Sergio irá al estadio, para que no _____ (haber) ningún problema.

C. **THE CD**   Después de las conjunciones **tan pronto como, hasta que, en cuanto, cuando** y **después de que** se puede utilizar el indicativo o el subjuntivo. Llene los espacios en blanco con la forma apropiada del verbo.

1. Cuando Sergio _____ (preparar) un gran evento, siempre trabaja largas horas.

2. Cuando el congreso _____ (empezar) el próximo lunes, Sergio tendrá todo

   arreglado.

3. Hasta que Sergio _____ (recibir) los últimos contratos, estuvo un poco ansioso.

4. Después de que _____ (llegar) los primeros grupos, Sergio estará más tranquilo.

5. En cuanto Sara _____ (entregar) la tesis, estará dispuesta a ayudar a Sergio con cualquier cosa que necesite.

6. Javier colocó los anuncios en Ruta Maya tan pronto como _____ (llegar).

7. Sergio estará muy ocupado hasta que el último grupo _____ (tocar) la última canción del congreso.

8. Cuando se _____ (estar) preparando para el congreso, Sergio llamó a Maite varias veces para arreglar algunos detalles importantes.

D. Nuestra amiga Sara Llene los espacios en blanco con la forma apropiada del verbo.

Cuando Sara _____[1] (llegar) a los Estados Unidos, estaba un poco preocupada. No sabía si podría adaptarse fácilmente a vivir tan lejos de su familia, su país y su cultura. De hecho, se sentía bastante sola hasta que un día _____[2] (conocer) a Javier en Ruta Maya. Desde entonces, se siente totalmente integrada en su ciudad adoptiva.

Tal vez se haya integrado demasiado. Es decir, lleva una vida muy ocupada. Tan pronto como _____[3] (levantarse) por la mañana, pone el radio para escuchar las noticias y enterarse de lo que está pasando en el mundo. Antes de que _____[4] (vestirse), lee un poco el periódico y habla con Laura sobre sus planes para el día. En cuanto _____[5] (estar) lista, sale para la universidad. A menos que _____[6] (tener) alguna reunión importante, va directo a su «oficina», un café en el patio de la unión estudiantil donde estudia un poco, lee un poco y charla bastante con sus amigos. No es que Sara no tome en serio sus estudios; de hecho, en cuanto _____[7] (terminar) sus clases por la tarde, siempre va a la biblioteca por algunas horas. Lo que pasa es que es una persona muy amigable y necesita conectarse con la gente.

Normalmente, entre las amistades, el trabajo y los estudios, Sara tiene muy poco tiempo para estar sola. Por eso, ha decidido que la próxima semana va a tomar las cosas con calma. A veces tiene ideas un poco locas. Por ejemplo, el próximo domingo va a subir al coche y manejar hasta que casi ya no _____[8] (tener) gasolina. Entonces, cuando _____[9] (llegar) al próximo pueblo, parará y dará un paseo. Después de que _____[10] (haber visto) los atractivos del pueblo, comprará más gasolina y seguirá. En caso de que _____[11] (perderse), llamará a Javier o a Laura para que ellos la _____[12] (buscar). Si no se pierde, en cuanto _____[13] (aburrirse) y _____[14] (sentir) ganas de estar con sus amigos de nuevo, volverá a Austin. Según Sara, esta es una manera excelente de conocer un país más a fondo.

E. **¿Qué pasará?: El futuro de probabilidad** Lea las siguientes oraciones y escriba la explicación más lógica para cada situación. Debe usar el futuro del verbo.

1. Javier, que por lo general es muy responsable, no ha llegado todavía a una entrevista de trabajo que tiene con un periódico local. (haber mucho tráfico / no importarle / darle asco)

   _____

2. Sara no está en el congreso cuando Sergio la busca. (tener sueño / estar atrasada / tener éxito)

   _____

3. Las artesanías de Diego se están vendiendo muy bien durante el congreso. (dañar sus planes / estar emocionado / desvelarse)

   _____

4. El estado de ánimo de Laura es muy bajo. (disfrutar del congreso / reírse a carcajadas / tener algún problema)

   _____

5. Hace cuatro horas que Sergio espera a Sara. (importarle un pepino / estar orgulloso / estar harto)

   _____

¿CÓMO LE VA CON ESTOS PUNTOS CLAVE?

META COMUNICATIVA	PUNTOS CLAVE	VERY WELL	SOMEWHAT WELL	NOT WELL
F FUTURO Hablar del futuro	Future verb forms	☐	☐	☐
	Adverbial clauses	☐	☐	☐
	Using correct forms to express future	☐	☐	☐
	Using subjunctive after certain adverbial phrases	☐	☐	☐
	subjunctive after **me gusta que, no creo que, no pienso que**	☐	☐	☐

TODOS LOS PUNTOS CLAVE

P PASADO

A. **Narración en el pasado**

Paso 1 Complete el siguiente párrafo con el pretérito, el imperfecto, el pluscuamperfecto o el condicional del verbo entre paréntesis.

Aunque no lo _____[1] (querer) admitir, los cinco amigos lo _____[2] (saber) que tarde o temprano[a] terminarían sus estudios o tendrían nuevas oportunidades profesionales, y uno de ellos, si no todos, tendría que mudarse. De hecho, _____[3] (pasar) así un verano, durante el mes de agosto. Como _____[4] (estar) en Texas, _____[5] (hacer) un calor horrible cuando Laura y Javier _____[6] (salir) para Bolivia. Javier, dándose cuenta de que _____[7] (estar) enamorado de

[a]tarde... *sooner or later*

Laura, no _____[8] (poder) resistirlo más y claro, _____[9] (estar) más que feliz de acompañarla hasta La Paz. Sara _____[10] (beber) su último café en Ruta Maya una semana más tarde, antes de tomar un avión para España, donde _____[11] (haber recibido) una tremenda oferta en una emisora de radio en Salamanca. Por fin Sergio _____[12] (conseguir) un contrato importante representando a un nuevo grupo musical en Los Ángeles, y cuando _____[13] (salir), _____[14] (dejar) a su primo no solo, sino feliz con Cristina en Austin. Todos los amigos _____[15] (jurar) que mantendrían su amistad y que, a pesar de la distancia, lo _____[16] (hacer) con el mismo cariño, apoyo y comprensión de siempre.

Paso 2 Imagínese que es el año 2020, y los cinco amigos se reunieron anoche para celebrar algo. ¿Qué celebraron? ¿Qué hicieron para celebrarlo? ¿Cómo se sentían al reunirse? Apunte los verbos que van a formar «la columna» de la historia y los que van a describir «la carne».

LA COLUMNA	LA CARNE
_____	_____
_____	_____
_____	_____
_____	_____
_____	_____

Paso 3 Con los verbos que apuntó en el **Paso 2,** escriba en otro papel o a computadora una narración de lo que pasó.

G
GUSTOS

B. Hablar de los gustos y las opiniones Llene los espacios en blanco con el pronombre de complemento indirecto y la forma del verbo apropiados, según el contexto. Preste atención al tiempo verbal que debe utilizar.

1. Cuando Sergio empezó a trabajar como promotor de grupos musicales,

   _____ (importar) que todo se arreglara con mucha anticipación.

   Ahora está más relajado y es más flexible con los arreglos.

2. A los médicos que trabajan en Centroamérica _____ (preocupar)

   que no haya suficiente medicina para curar las enfermedades más comunes.

3. Cuando Sara vivía en España, _____ (molestar) que sus vecinos no

   reciclaran la basura.

4. Ayer todos estuvimos de mal humor. A nosotros _____ (fastidiar)

   que tuviéramos que pasar una hora entera sentados en el coche por el tráfico.

5. A Sergio _____ (encantar) que el congreso tuviera tanto éxito.

D DESCRIBIR

P PASADO

C. Unas prácticas

Paso 1 Llene los espacios en blanco con **ser** o **estar** en el pasado para aprender sobre la experiencia de Corazón Díaz, cuando hizo unas prácticas en Honduras.

Cuando yo _____[1] estudiante de Educación primaria, _____[2] a Honduras para realizar unas prácticas en un orfanato. La orientación _____[3] en Tegucigalpa, pero el orfanato _____[4] en San Pedro Sula. El lugar _____[5] precioso, pero pobre. Los niños tenían entre cinco y quince años y todos _____[6] muy bien educados. La prioridad de los voluntarios _____[7] fomentar una actitud positiva hacia las matemáticas. Jugamos muchos juegos con números. _____[8] impresionada con la convivencia tan amable a pesar de la pobreza. _____[9] una experiencia inolvidable.

C COMPARAR

Paso 2 Corazón visitó unas escuelas en Tegucigalpa y vio muchas diferencias entre la educación en Honduras y la educación en los Estados Unidos. Complete las oraciones utilizando la información entre paréntesis para hacer comparaciones entre los dos lugares.

más... que	mejor que	más de	tan... como	tanto/a/os/as... como
menos... que	peor que	menos de	tanto como	

1. Las escuelas en Tegucigalpa eran _____ (+ pobre) las escuelas en los Estados Unidos.

2. A veces había _____ (+) dos estudiantes por escritorio y casi nunca había _____ (−) treinta alumnos por salón.

3. Las maestras trabajaban _____ (= duro) las maestras de los Estados Unidos. Era obvio que eran _____ (= dedicado) las maestras de los Estados Unidos y que querían a sus estudiantes _____ (=) las maestras norteamericanas.

4. Los estudiantes hondureños se portaban _____ (+ bien) la mayoría de los estudiantes estadounidenses, aunque sus condiciones de estudio eran _____ (+ malo) las de las escuelas en los Estados Unidos.

5. Creo que los niños hondureños estudiaban _____ (+) los estudiantes que tengo ahora en los Estados Unidos y estoy segura de que veían _____ (− televisión) mis estudiantes actuales.

6. Fue la experiencia _____ (+ conmovedor) mi vida.

F
FUTURO
REACCIONAR

R
RECOMENDAR

D. Óscar Arias Sánchez   Lea las citas de Arias y llene los espacios en blanco para hablar sobre el futuro. Luego escriba una reacción ante cada oración.

1.   «Cada uno de nosotros debe aceptar alguna responsabilidad por las condiciones de privación que encontramos en nuestra región. Puede que no seamos los instigadores directos de estas situaciones. Sin embargo, mientras permitamos que estas desigualdades sociales existan, teniendo oportunidades de erradicarlas, somos cómplices de la destrucción. Este, de hecho, es una llamada a la acción.»

a.   Para el 2015, más compañías _____ (adoptar) prácticas de comercio justo.

Más consumidores en países ricos _____ (demandar) que las compañías

cambien sus prácticas.

Reacción: _____

b.   Es posible, pero todavía _____ (haber) mucho consumismo en los países

ricos y no se _____ (compartir) el capital de manera equitativa.

Reacción: _____

2.   «Si creemos en la democracia, tendremos confianza en que, cuanta menos gente sea excluida de las nuevas tecnologías, los beneficios de estos avances sólo pueden multiplicarse. Los entes gubernamentales crecerán más efectivamente, la ciudadanía será más educada, y los funcionarios públicos más responsables.»

a.   Para el 2015, la brecha digital _____ (disminuir). Más compañías tecnoló-

gicas _____ (donar) sus productos y servicios a las zonas más necesitadas.

Reacción: _____

b.   Sin embargo, el acceso al Internet en los países no democráticos todavía

_____ (ser) controlado. _____ (Haber) mucha censura.

Reacción: _____

E. *El mundo dejó de mirar*

❖**Paso 1** Lea la reseña de un documental sobre Nicaragua.

> En 1987 los cineastas Meter Raymont y Harold Crooks filmaron en Nicaragua su premiado[a] documental, *El mundo está mirando,* sobre la cobertura de la prensa internacional de la revolución sandinista, la subsiguiente guerra civil y los procesos de paz liderados por el costarricense Óscar Arias Sánchez. Catorce años más tarde, regresan para investigar por qué ese país centroamericano, antes tan discutido en la prensa internacional, parece olvidado desde la caída del régimen sandinista en 1990. El resultado de sus investigaciones es otro documental aclamado, *El mundo dejó de mirar.* Los directores entrevistaron a nicaragüenses de todos los niveles sociales para ver qué ha pasado desde que las elecciones democráticas de 1990 sacaron a los sandinistas del poder. ¿Cómo es Nicaragua ahora? ¿En qué estado se encuentran las instituciones democráticas que supuestamente trajeron las elecciones de 1990? ¿Qué hay del analfabetismo, el hambre, la pobreza? El documental busca contestar estas preguntas y reflexionar sobre por qué el mundo ha dejado de mirar.

[a]*award-winning*

Paso 2 Reaccione ante las siguientes oraciones. Después, complete las oraciones hipotéticas.

1. Durante el gobierno sandinista hubo grandes esfuerzos de educación y campañas de alfabetismo. Ahora el 26 por ciento de los niños nicaragüenses no han ido nunca a la escuela —esta cifra representa el doble del promedio de niños sin educación en Latinoamérica.

   Reacción: _____

   Si yo _____ (trabajar) con una ONG dedicada a la educación,

   _____

2. Desde 1990 ha aumentado la prostitución. Algunas mujeres no tienen otra manera de sobrevivir o asegurar la supervivencia de sus hijos.

   Reacción: _____

   Si yo no _____ (poder) alimentar a mis hijos,

   _____

3. Desde la caída de los sandinistas, algunas compañías estadounidenses han invertido en el país. Hay, por ejemplo, tres McDonald's en Managua.

   Reacción: _____

   Si más compañías multinacionales _____ (invertir) en Nicaragua,

   _____

4. El Huracán Mitch en 1998 provocó la muerte de más de 10.000 centroamericanos. Fueron ONGs y agencias de la ONU para asistir, pero sus esfuerzos no fueron suficientes para compensar los efectos desastrosos del huracán.

   Reacción: _____

   Si un grupo en mi universidad _____ (querer) recaudar fondos para Nicaragua,

   _____

LOS OTROS PUNTOS GRAMATICALES

A. El subjuntivo en cláusulas adjetivales   Conjugue los verbos entre paréntesis para completar el siguiente párrafo. Vea la explicación para los usos del subjuntivo en cláusulas adjetivales en las páginas verdes bajo el título **Los otros puntos gramaticales.**

Ahora que ha terminado el congreso, Sergio está buscando un nuevo lugar para relajarse con sus amigos. Quiere un lugar que no _____[1] (estar) muy lejos de Austin y que _____[2] (tener) senderos para hacer caminatas y que _____[3] (ofrecer) tratamientos como masajes, sauna, etcétera. Que él sepa, no _____[4] (existir) ningún lugar que _____[5] (tener) todos los requisitos que le hacen falta, pero _____[6] (conocer) a una agente de viajes que lo puede ayudar. Sergio está seguro que hay unos lugares cerca de Dallas, pero no hay ninguna posibilidad de que los cinco _____[7] (poder) escaparse por más de un fin de semana; por eso tiene que ser un lugar más cercano.

B. Por/Para   Complete las oraciones con **por** o **para,** según el contexto. Vea la explicación para los usos de **por** y **para** en las páginas verdes bajo el título **Los otros puntos gramaticales.**

Diego ha encontrado un sitio Web que vende molas _____[1] $40,00. Llegarán _____[2] avión _____[3] el primero de diciembre, justo a tiempo _____[4] las navidades. _____[5] lo general, no le gusta comprar de vendedores que no conoce, pero habló con la dueña del negocio _____[6] teléfono _____[7] una hora y cree que es confiable. _____[8] ella, es importante comprar las molas de las indias Kunas a un precio justo y _____[9] eso son un poco más caras que otras que Diego ha visto.

❖ Reciclaje del vocabulario y los puntos clave

Escriba una oración sobre los videntes y el porvenir para cada meta comunicativa. Puede basarse en la tira cómica o puede usar sus propias ideas. Use una palabra de la lista en cada oración. Tres de las ocho oraciones deben ser preguntas. ¡Sea creativo/a!

alarmante	enterarse	prometer
asustado/a	llevarse bien con	lucrativo/a
desilusionado/a	la madrastra	ser (in)fiel
duro/a	meter la pata	soñar con

D
DESCRIBIR

1. descripción: _____
   _____
   _____

C
COMPARAR

2. comparación: _____
   _____
   _____

(continúa)

P
PASADO

3. narración en el pasado: _____

_____

R
REACCIONAR
RECOMENDAR

4. reacción: _____

_____

R
REACCIONAR
RECOMENDAR

5. recomendación: _____

_____

G
GUSTOS

6. hablar de los gustos y las opiniones: _____

_____

H
HIPÓTESIS

7. hacer hipótesis: _____

_____

F
FUTURO

8. hablar del futuro: _____

_____

✳ Prueba diagnóstica: Capítulos 5 y 6
SÍNTESIS

¿CÓMO LE VA CON LAS SIETE METAS COMUNICATIVAS?

Paso 1 Escoja la(s) palabra(s) apropiada(s), según el contexto. (15 puntos)

1. Hace tres años que Sergio _____ en Los Ángeles, donde _____ al conjunto musical Los Lonely Boys por primera vez.

   a. era / conocía b. estaba / conoció c. estuvo / conoció

2. Los grupos de California son _____ buenos como los de Texas.

   a. tanto b. tan c. tantas

3. Esta noche el discurso de Carlos Fuentes _____ en el Auditorio de la Biblioteca Presidencial

   que _____ en la Calle San Jacinto.

   a. está / está b. está / es c. es / está

4. A Javier y a Laura _____ gustan _____.

   a. les / bailar y cantar b. les / los clubes salseros c. le / los músicos latinos

5. Si Sergio _____ más dinero, pasaría más tiempo en Los Ángeles porque le encantan los grupos musicales de allí.

   a. tuviera b. tenía c. tendría

6. Sara quisiera que su hermana _____ a los Estados Unidos para el congreso.

   a. va b. fuera c. vaya

7. Cristina y Diego _____ juntos al congreso tres veces para escuchar varias presentaciones.

   a. fueron b. van c. iban

8. Ruta Maya es muy popular entre los participantes del congreso. Los congresistas no _____ tantas horas en el Ruta Maya si no hubiera un ambiente tan hospitalario.

   a. pasaron   b. pasarían   c. pasaran

9. A los participantes _____ encantó _____ que hubo durante el congreso.

   a. les / la música   b. le / el café   c. les / los discursos

10. Tan pronto como el congreso _____, los amigos irán al rancho.

    a. termine   b. termina   c. terminará

11. El congreso atrajo más _____ 2.000 participantes.

    a. de   b. como   c. que

12. Era necesario que Sergio _____ como un loco los meses anteriores al congreso.

    a. trabajó   b. trabajara   c. trabaje

13. Hasta que el último grupo toque, Sergio no _____ relajarse.

    a. podrá   b. podría   c. pueda

14. La mayoría de los participantes que asistió al congreso _____ de México y Centroamérica.

    a. estaba   b. era   c. fue

15. Cuando Laura y Javier _____ del Auditorio, _____ a Carlos Fuentes hablando con el director de Estudios Latinoamericanos.

    a. salían / veían   b. salieron / vieron   c. salían / vieron

Paso 2 Llene los espacios en blanco con el artículo definido o la forma apropiada de la palabra indicada, según el contexto. (7 puntos)

1. _____ actitud de la gente hacia _____ avances en el campo de la tecnología fue

   bastante _____ (positivo).

2. _____ programa que prepararon fue bien _____ (recibido).

3. _____ ciudad de Austin fue el lugar perfecto para el congreso porque _____ clima es

   ideal durante la primavera.

Paso 3 Traduzca la siguiente oración al español. (3 puntos)

The director recommended that they have as many bands next year as they have had this year.

_____

_____

◉ PRÁCTICA ORAL

❖ Trabalenguas

FUTURO Lea y escuche las siguientes oraciones. Va a oírlas dos veces. Repita cada una después de oírla la segunda vez.

1. Si Sonia sabe coser súper bien, **sobrevivirá** sin sobresaltos.
2. Isa **irá** al Instituto de Informática cuando Ignacio **vaya** a Irlanda.
3. Vania la vidente **vendrá** a vernos en cuanto **volvamos** de Valencia.
4. Tan pronto como Paulina **pueda, pedirá** permiso para clonar a su perro.
5. Hasta que **haya** habitaciones en el hospital, Horacio **hará** todo lo posible para hospedar a los huérfanos en su hotel.

María Metiche

PASADO Hoy María Metiche está emocionadísima porque la última conversación que escuchó sobre los cinco amigos confirmó sus sospechas. Escuche lo que dice de sus sospechas. Luego, conteste las preguntas sobre lo que oyó y sobre lo que ya sabe de los cinco amigos. Recuerde que María va a usar el pretérito para marcar el avance de la acción y el imperfecto para hacer descripciones de fondo.

1. ¿Qué contribuyó a que Laura y Javier empezaran a salir juntos? Escriba tres oraciones para explicarlo.

_____

_____

_____

2. ¿Cómo reaccionó María Metiche después de confirmar definitivamente que Laura y Javier salían juntos?

_____

3. ¿Cómo se sentían Laura y Javier la primera noche que bailaron juntos en Calle Ocho?

_____

4. Según lo que Ud. ya sabe, ¿cómo estaba el padre de Laura el día después de oír que Javier acompañaría a su hija a Colombia?

_____

Vocabulario del tema

Va a escuchar parte de un discurso del Secretario General de las Naciones Unidas. Llene los espacios en blanco con la palabra que escucha. (Las respuestas se dan en el programa auditivo.)

«Aún tenemos tiempo para _____[1] los objetivos, en todo el mundo y en la

mayoría de los países, si no en todos, pero sólo si _____[2] romper con la rutina.

El éxito no se logrará de la noche a la mañana, sino que requerirá trabajar de manera continua

durante todo el decenio,[a] desde ahora hasta que termine el plazo.[b] Se necesita tiempo para formar

a maestros, enfermeros e ingenieros; lleva tiempo _____[3] carreteras, escuelas y

hospitales, así como _____[4] empresas grandes y pequeñas que

puedan generar los empleos e _____[5] necesarios. Por consiguiente, hay que

_____[6] ahora. También debemos _____[7] la asistencia

para el _____[8] a _____[9] mundial en más del doble durante los

próximos años, pues sólo así se podrá contribuir al _____[10] de los objetivos.»

[a]decade [b]time limit

Puntos clave

F
FUTURO
A. Los amigos Escuche cada oración y luego indique si el verbo expresa una acción habitual, completa o futura. (Las respuestas se dan en el programa auditivo.)

	HABITUAL	COMPLETA	FUTURA
1.	☐	☐	☐
2.	☐	☐	☐
3.	☐	☐	☐
4.	☐	☐	☐
5.	☐	☐	☐
6.	☐	☐	☐

B. Dictado Escuche la siguiente serie de oraciones. Va a oír cada oración dos veces. Mientras Ud. escucha la segunda vez, escriba lo que oiga. Luego, identifique cuál de las metas comunicativas se representa en la oración. Puede escuchar las oraciones más de una vez, si quiere.

Metas comunicativas: **D** **C** **P** **R** **G** **H** **F**
DESCRIBIR COMPARAR PASADO REACCIONAR RECOMENDAR GUSTOS HIPÓTESIS FUTURO

1. _____

2. _____

3. _____

4. _____

5. _____

Para escuchar mejor: Los megaparques

ANTES DE ESCUCHAR

❖ **A.** **Anticipar la información**   Ud. va a escuchar parte de una conferencia sobre un nuevo método para conservar los recursos naturales: los megaparques. Antes de escuchar, anote cinco palabras del **Vocabulario del tema** de su libro de texto que Ud. cree que podría oír durante la conferencia.

1. _____   3. _____   5. _____

2. _____   4. _____

B. **Vocabulario en contexto**   Escuche las siguientes tres oraciones tomadas de la conferencia. Después de oír cada una dos veces, adivine el significado en inglés de la palabra anotada, según el contexto. Luego, escriba el verbo que tiene la misma raíz que la palabra anotada.

1. compartidos   _____   verbo: _____

2. desarrollado   _____   verbo: _____

3. llamado   _____   verbo: _____

¡A ESCUCHAR!

A. **Comprensión**   Ahora, escuche la conferencia sobre los megaparques. Luego, indique si las siguientes oraciones son ciertas (C) o falsas (F), según lo que Ud. oyó en la conferencia.

	C	F
1. Es posible controlar la migración de los animales.	☐	☐
2. Los megaparques son reservas ecológicas enormes dentro de un solo país.	☐	☐
3. La Amistad es el megaparque más antiguo y más avanzado.	☐	☐
4. Sí-a-Paz quiere ayudar no sólo a la naturaleza sino también a los seres humanos.	☐	☐
5. Paseo Pantera es un proyecto multinacional.	☐	☐

❖ **B.** **¡Apúntelo!**   Ahora, vuelva a escuchar la conferencia. Tome apuntes en otro papel o a computadora, organizando sus apuntes según el siguiente bosquejo.

I. Los megaparques
   A. definición:
   B. colaboradores:

II. Megaparque 1
   A. nombre:
   B. países:
   C. fecha de establecimiento:
   D. protege:

III. Megaparque 2
   A. nombre:
   B. países:
   C. fecha de establecimiento:
   D. protege:

IV. Megaparque futuro
   A. nombre:
   B. países:

❖ **C.** **En resumen**   Ahora, en otro papel o a computadora, haga un breve resumen del contenido de la conferencia, basándose en lo que Ud. escuchó y en sus apuntes.

Answer Key

Para empezar

PRÁCTICA ESCRITA

Puntos clave

Práctica de formas verbales **A.** 2. somos, fuimos/éramos, hemos sido 3. va, fue/iba, ha ido, iría, vaya 4. sé, supe/sabía, he sabido, sabré 5. tienen, tuvieron/tenían, han tenido, tendrían, tengan 6. puedes, pudiste/podías, has podido, podrás **B.** 1. Le escribo. 2. Le estoy escribiendo. / Estoy escribiéndole. 3. Le escribí. 4. Le escribía. 5. Le he escrito. 7. Le escribiré. 11. Escríbele. 12. No le escriban. 13. Escribámosle.

Descripción **A.** 1. es 2. está 3. es 4. está 5. son 6. está 7. son 8. es **B.** 1. está 2. Es 3. es 4. es 5. están 6. es 7. son 8. están 9. están 10. estar **C.** 1. Los numerosos museos que se encuentran en Austin le ofrecen al público una gran variedad de exposiciones. 2. La biblioteca presidencial, que está cerca de la Universidad de Texas, es muy atractiva. 3. El número de clubes es impresionante. 4. La Feria de Libros al aire libre es maravillosa. 5. Las lagunas pequeñas que están cerca de Austin son muy pintorescas. 6. Muchas de las tiendas del centro son elegantísimas.

Comparación **A.** 1. Un Jaguar es más caro que un Honda. 2. Javier y Sergio están menos preocupados que Sara. 3. Las cerámicas son tan bonitas como la ropa indígena. 4. Sara está más contenta que Diego. 5. Javier está tan cansado como Laura. 6. Las fiestas son más divertidas que los cines. 7. La macarena es menos complicada que el tango. 8. (*Las respuestas variarán.*) Yo soy tan inteligente como mi mejor amigo/a. **B. Paso 1** 1. Sustantivos: años, ciudades, clases, películas, problemas; Adjetivos: bajo, estudioso, rico **Paso 2** 1. tantos… como 2. tan… como 3. tantas… como 4. tantas… como 5. tan… como 6. tantos… como 7. tan… como 8. tantas… como **C.** 1. más 2. que 3. más 4. que 5. como 6. menos 7. que 8. más 9. que 10. tanto como 11. más que 12. de

Narración en el pasado **A.** 1. busqué, buscaste, buscó, buscamos, buscaron 2. vendí, vendiste, vendió, vendimos, vendieron 3. fui, fuiste, fue, fuimos, fueron 4. hice, hiciste, hizo, hicimos, hicieron 5. traje, trajiste, trajo, trajimos, trajeron 6. me divertí, te divertiste, se divirtió, nos divertimos, se divirtieron 7. dormí, dormiste, durmió, dormimos, durmieron 8. leí, leíste, leyó, leímos, leyeron **B.** 1. salí 2. fui 3. compré 4. hablé 5. pasé 6. regresé 7. entré 8. vi 9. grité 10. llegó 11. me desmayé 12. llamó **C.** 1. Llevaba 2. hacía 3. había 4. estaba 5. dolía 6. estaba 7. podía **D.** 1. era 2. gustaba 3. tenía 4. iban 5. tenían 6. invitó 7. estaba 8. quería 9. convenció 10. fue 11. esperaba 12. ganó 13. empezó 14. hicieron **E.** 1. se ha levantado 2. se ha vestido 3. ha hecho 4. se ha duchado 5. ha desayunado 6. se ha lavado

Reacciones y Recomendaciones **A.** 1. se levanta 2. escriba 3. den 4. tienen 5. esté 6. vayan 7. quiere 8. visite 9. haya 10. deben **B.** 1. busquen 2. vaya 3. gusta 4. tengan 5. den **C.** 1. haya 2. deba 3. participe 4. pueden 5. busque 6. cambie 7. hagan

Hablar de los gustos y las opiniones **A.** 1. Lo cierra a la 1:00. 2. La bailan todos los sábados por la noche. 3. Los llama cada domingo. 4. No, no nos invitó a la recepción. 5. Sí, las compró cuando estuvo en el Perú. **B.** (*Las respuestas variarán.*) 1. Se las envió porque… 2. Te lo dejé porque… 3. Se las regaló porque… 4. Nos lo escribió porque… 5. Quiero que él me lo muestre… **C.** 1. le gustaba 2. les encantaba 3. Le importaban 4. les molestó 5. Le gusta 6. les fascina 7. les encantan 8. le molestaría 9. le da 10. le encanta 11. nos gustaría

Hacer hipótesis **A.** 1. trabajaría 2. escribirían 3. viajaríamos 4. jugarías 5. iría 6. diría 7. sabrías 8. podríamos 9. tendría 10. saldría **B.** 1. viajaron, viajara, viajaras, viajáramos, viajaran 2. tuvieron, tuviera, tuvieras, tuviéramos, tuvieran 3. fueron, fuera, fueras, fuéramos, fueran 4. creyeron, creyera, creyeras, creyéramos, creyeran 5. pidieron, pidiera, pidieras, pidiéramos, pidieran 6. durmieron, durmiera, durmieras, durmiéramos, durmieran **C.** 1. tendrían 2. necesitarían 3. estarían 4. compraran

5. pudiera **D.** 1. pudiera 2. ganaría 3. tuviera 4. trataría 5. acompañaría 6. fuera 7. pagaría 8. podría 9. sería

Hablar del futuro **A.** 1. estarán 2. serviré 3. seremos 4. dará 5. convencerás 6. diremos 7. sabrá 8. podrás 9. tendré 10. saldrán **B.** 1. La terminaré mañana. 2. Te lo lavaré mañana. 3. Te lo traeré mañana. 4. Lo limpiaré mañana. 5. Se la escribiré mañana. **C.** 1. irá 2. llegue 3. tendrá 4. asistirá 5. vuelva 6. empezará 7. estará 8. tomará

Prueba diagnóstica: Para empezar

Paso 1 1. b [P PASADO] 2. c [C COMPARAR] 3. a [D DESCRIBIR] 4. b [G GUSTOS] 5. c [H HIPÓTESIS] 6. a [R REACCIONAR RECOMENDAR] 7. b [P PASADO] 8. b [H HIPÓTESIS] 9. a [G GUSTOS] 10. a [F FUTURO] 11. a [C COMPARAR] 12. c [R REACCIONAR RECOMENDAR] 13. a [F FUTURO] 14. c [D DESCRIBIR] 15. b [P PASADO] **Paso 2** 1. la, las [D DESCRIBIR] 2. Las, eclécticas [D DESCRIBIR] 3. El, la, pequeño [D DESCRIBIR] **Paso 3** A Cristina no le gusta que Diego tenga·menos de dos horas a la semana para estar con ella. [G GUSTOS] [R REACCIONAR RECOMENDAR] [C COMPARAR]

PRÁCTICA ORAL

María Metiche

1. Javier 2. Diego 3. Sergio 4. Laura 5. Sara 6. Javier 7. Sergio

Puntos clave

1. Según Sergio, es increíble que los estadounidenses no sepan más de la música latina. [R REACCIONAR RECOMENDAR] 2. Cuando termine sus estudios de posgrado, Laura se mudará al Ecuador. [F FUTURO] 3. Sara es más delgada que Laura pero menos alta que ella. [C COMPARAR] 4. Cuando tenía 23 años, Sara consiguió trabajo en una emisora de radio. [P PASADO] 5. A Javier le encanta hablar con todo el mundo. Por eso le gusta su trabajo en Ruta Maya. [G GUSTOS]

Capítulo 1

PRÁCTICA ESCRITA

Vocabulario del tema

A. 1. c 2. g 3. f 4. i 5. a 6. h 7. b 8. j 9. e 10. d **B.** (*Las explicaciones variarán.*) 1. arete 2. dulce 3. lentes 4. alucinante **C.** **Paso 2** 1. S, encanto 2. A, llamativos 3. S, apariencias 4. V, se ve 5. A, dulce **D.** 1. encantadora 2. se lleva bien 3. presumído 4. despistado 5. lentes 6. va a la moda 7. rara 8. cae bien **E.** 1. te pareces, me parezco 2. Te ves, parece, me veo, parece 3. Te cae, me cae, me llevo 4. Parece, le cae, se ve, se parece **F.** (*Respuestas posibles*) 1. Las patillas que lleva mi hermano están de moda. 2. Raúl tiene un tío rico que es muy tacaño. 3. La chaqueta fea que lleva Marta está pasada de moda. 4. El profesor que se llama Pablo Pérez es el más presumido que he tenido. 5. Los turistas que vienen de Salamanca son encantadores. 6. Los brazos de Felipe que mira Lola están llenos de tatuajes. 7. El niño que está detrás del edificio es grosero. 8. Plácido Domingo canta una canción deprimente que trata de un amor perdido. 9. Los aretes que están decorados con diamantes cuestan mucho dinero. 10. La mujer del pelo liso que está sentada en la mesa es la dueña de Ruta Maya. **H.** 1. habla por los codos 2. mete la pata 3. tiene mala pinta 4. no tiene pelos en la lengua 5. es buena gente

Puntos clave

Práctica de formas verbales **A.** 1. caigo, caí/caía, he caído, caería 2. estamos, estuvimos, hemos estado, estaremos, estemos 3. te llevas, te llevaste/te llevabas, te has llevado, te llevarías, te lleves 4. parece, pareció/parecía, ha parecido, parecerá 5. meten, metieron/metían, han metido, meterían, metan, metieran 6. toma, tomó/tomaba, ha tomado, tomará, tome, tomara **B.** 1. Les habla. 2. Está hablándoles. / Les está hablando. 3. Les habló. 4. Les hablaba. 5. Les ha hablado. 7. Les hablará. 11. Háblales. 12. No les hablen. 13. Hablémosles.

Los puntos clave principales: Descripción y comparación

Descripción A. 1. estoy 2. Son 3. estoy 4. es 5. son 6. es 7. está 8. es 9. estoy 10. es 11. Estoy 12. ser 13. estás 14. es **B.** 1. es 2. es 3. es 4. es 5. Es 6. está 7. somos 8. es 9. Es 10. es 11. es 12. ser 13. ser 14. estar **C.** 1. apagados 2. puestas 3. guardado 4. cerradas 5. organizados **D.** 1. está relajada 2. son fascinantes 3. es… relajante 4. está preocupado 5. es… frustrante 6. están emocionados 7. Es deprimente 8. está deprimida 9. es sorprendente 10. está frustrado

Comparación A. 1. Flor es menos tiquismiquis que Bárbara. 2. Marcos tiene tantos problemas como Manolo. 3. Flor fuma más que Manolo. 4. Marcos es menos culto que Bárbara. 5. Pedro estudia tanto como Bárbara. 6. Pedro tiene más ambición que Marcos. 7. Bárbara es tan testaruda como Pedro. 8. (*Respuesta posible*) Pedro es el más conservador de los tres. **C.** 1. la más grande (de las tres/familias) 2. la menor (de las tres/madres) 3. el más corto (de los tres/tiempos) 4. el más popular (de los tres/ productos) **D.** (*Respuestas posibles*) 1. Javier no es tan alto como Sergio. 2. Sergio pesa más que Diego. 3. Javier es más chistoso que Diego. / Diego es más tiquismiquis que Javier. 4. Diego es mayor que Javier. 5. Javier tiene tanto dinero como Sergio. 6. Javier es tan chistoso como Sergio. **E.** 1. más temprano que 2. más solo que 3. más que 4. tan saludable como 5. tan delgado como 6. menos hablador que

Los otros puntos clave A. Paso 1 1. fue 2. tenía 3. pasaron 4. encantó 5. vio 6. Se sentía 7. habían 8. era 9. sabía 10. Fue 11. llegaron **C.** 1. A María (no) le encanta la barba de su novio. 2. A los estudiantes les fastidian los profesores despistados. 3. A la gente joven (no) le gustan los tatuajes. 4. A muchas personas les interesan los libros sobre los ricos y famosos. 5. A la madre le preocupa la actitud negativa de su hija. **D.** 1. estarían, tendría 2. comería, pagaría 3. comprarían, costaría 4. tendría, correría **E.** (*Respuestas posibles*) 1. Se afeitará la barba y el bigote. 2. Se comprará un traje. 3. No llevará su arete. **F.** 1. A Javier le gusta trabajar en Ruta Maya porque es encantador y hablador. 2. Cuando Diego era joven, era tacaño, pero ahora gasta más de 2.000 dólares al año comprando ropa.

Los otros puntos gramaticales A. 1. por 2. para 3. por 4. para 5. por 6. Para 7. por **B.** 1. de, a 2. [], en 3. con, de 4. de, en

PRÁCTICA ORAL

María Metiche

(*Respuestas posibles*) Diego conoció a Sara en un centro comercial. Sara ayudó a Diego con sus compras. Sara le presentó a su compañera de cuarto, Laura. Todos se fueron a Ruta Maya para escuchar música y allí conocieron a Javier. Sergio apareció a medianoche. Todos se quedaron hasta las 3:00 de la madrugada.

Vocabulario del tema

1. c 2. a 3. a 4. a 5. b

Puntos clave

A. (*Las opiniones variarán.*) 1. Sergio 2. Sara 3. Sergio 4. Sara 5. Sergio **B.** 1. Cuando los dueños del café le ofrecieron el trabajo a Javier, lo aceptó sin pensarlo dos veces. **P** 2. A los clientes les encanta conocer a los artistas locales cuyas obras se exponen en Ruta Maya. **G** 3. El ambiente del café Ruta Maya es tan relajado como el del café favorito de Javier en Puerto Rico. **C** 4. Es bueno que Javier trabaje en un café porque tiene mucho contacto con el público y le encanta hablar. **R** 5. Si Diego tuviera problemas personales, se los contaría a su primo Sergio. **H**

Para escuchar mejor

Antes de escuchar **B.** 1. 15 2. 500 3. 40

¡A escuchar! **A.** 1. F 2. F 3. C 4. C 5. C 6. F 7. C

Capítulo 2

Vocabulario del tema

A. 1. g 2. j 3. a 4. e 5. b 6. f 7. d 8. c 9. h 10. i   **B.** 1. extraño 2. mudó a 3. sea 4. tratan mal
5. cuida 6. apoyarme   **C. Paso 1** 1. la comprensión 2. comprender 3. la protección 4. proteger
Paso 2 1. V, exigió 2. S, apoyo 3. S, quejas 4. V, proteger 5. A, orgullosa   **D.** (*Las explicaciones variarán.*)
1. sumiso 2. alabar 3. mandona 4. hermano 5. esperanzas   **F. Paso 1** 1. lo que, alabar 2. que, la
madrastra 3. cuyo/a, el gemelo 4. que, la brecha generacional 5. lo que, aislado 6. cuyos, la hija
adoptiva 7. lo que, regañar 8. que, cuyos, mimada   **Paso 2** (*Respuestas posibles*) 1. la falta de seguir
las normas de comportamiento dirigidas por una sociedad 2. echar de menos / sentir nostalgia por
alguien o algo 3. algo que es muy difícil

Puntos clave

Práctica de formas verbales   **A.** 1. me asimilo, me asimilé/me asimilaba, me he asimilado, me asimilaría
2. negamos, negamos/negábamos, hemos negado, negaremos/negaríamos 3. se queja, se quejó/se
quejaba, se ha quejado, se quejará/se quejaría, se queje, se quejara 4. te mudas, te mudaste/te mudabas,
te has mudado, te mudarás/te mudarías, te mudes, te mudaras 5. pertenecen, pertenecieron,/pertenecían,
han pertenecido, pertenecerán/pertenecerían, pertenezcan, pertenecieran 6. castigo, castigué/castigaba, he
castigado, castigaré/castigaría, castigue, castigara   **B.** 1. Lo obedecen. 2. Están obedeciéndolo. / Lo están
obedeciendo. 3. Lo obedecieron. 4. Lo obedecían. 5. Lo han obedecido. 7. Lo obedecerán. 9. Es bueno
que lo obedezcan. 11. Obedécelo. 12. No lo obedezcan. 13. Obedezcámoslo.

Los puntos clave principales: Narración en el pasado   **A. Paso 1** 3. a 4. h 5. e 6. b 7. g 8. g 9. a
10. g 11. g 12. h 13. a 14. h 15. e 16. e 17. a 18. g 19. d   **Paso 2** 1. conoció 2. estudiaba 3. conocía
4. se quedaba 5. era 6. quería 7. quería 8. podía 9. daba 10. se enteró 11. asistía 12. Sabía 13. presentó
14. cayó 15. Quería 16. tuvo 17. se resolvió   **B.** 1. supe 2. sabía 3. podía 4. pudo 5. querían 6. quisieron
7. costó 8. tenía 9. costaban 10. quería 11. conocí   **C.** 1. ¿Cuánto tiempo hace que asistes a esta
universidad? 2. Hace seis años que Laura fue al Ecuador. 3. Hace dos horas que terminé mi tarea.
4. Hace tres horas que trabajamos en este proyecto y todavía no terminamos. 5. Hacía nueve meses
que Laura vivía en el Ecuador cuando conoció a Manuel.   **D. Paso 1** 1. tenía 2. era 3. aconsejaba
4. ayudaba 5. sabía 6. tenía 7. pasó 8. tenía 9. metió 10. pudo   **E.** 1. se han mudado 2. hemos sido
3. hemos vivido 4. se ha comportado 5. hemos ido 6. hemos llegado 7. he estado 8. Has tenido
F. 1. ha puesto 2. ha abierto 3. ha hecho 4. ha escrito 5. ha mandado 6. ha compuesto 7. he visto
8. ha roto 9. he dicho

Los otros puntos clave   **A.** 1. tradicionales 2. conservadores 3. son 4. exigentes 5. sus 6. liberal
7. ser 8. entrometida 9. conservadora 10. estricta 11. amistosas 12. sus 13. sus 14. fundamentales
B. 1. Juan es mayor que Verónica. 2. Lola tiene más hijos que Verónica. 3. Juan está tan contento
como Lola. 4. Lola gana tanto (dinero) como Verónica. 5. Juan gana menos (dinero) que Lola. 6. Juan
tiene tantos hijos como Lola. 7. Verónica es la más inquieta de los tres. 8. Verónica es la menor de los
tres.   **C. Paso 1** 1. pierdan 2. puedan 3. tener 4. pasen 5. asistan 6. mantengan 7. hablen 8. pasa
9. tengan 10. sean   **Paso 2** 1. seas, pasa 2. ten, seas 3. obedece, no te quejes 4. vengan, salgan
5. piensen, aprendan   **D.** (*Las explicaciones variarán.*) 1. A Laura le caen bien todos sus primos menos
uno. 2. A los padres de Diego no les interesa el dinero que gana su hijo. 3. A la madre de Javier le
molesta la falta de comunicación con sus hijos. 4. A mis hermanos y yo nos fastidian los nombres
tontos.   **E.** 1. te entenderíamos 2. me llamaras 3. nos llevaríamos 4. estuviéramos 5. consiguieras
F. Paso 1 1. seré 2. compraré 3. llevaré 4. iremos 5. podrá 6. daré 7. investigaremos 8. tendrán
9. invitaré 10. pasaremos   **Paso 2** 1. tenga 2. conozcan 3. me muera 4. se comporten 5. nos llevemos
G. 1. Aunque a Javier le encanta tener una familia unida, desea que su madre sea menos entrometida.
2. No es buena idea ponerle un nombre cursi a su hijo/hija. ¡No lo haga!

Los otros puntos gramaticales   A. 1. no te deprimas 2. ponte 3. no se asusten 4. acuéstense 5. no te pierdas 6. ríanse 7. diviértete   **B.** 1. Para 2. por 3. Para 4. por 5. para 6. Por 7. por 8. por

Prueba diagnóstica: Capítulos 1 y 2

Paso 1 1. a **[R RECOMENDAR]** 2. c **[C COMPARAR]** 3. c **[H HIPÓTESIS]** 4. a **[R RECOMENDAR]** 5. b **[F FUTURO]** 6. a **[D DESCRIBIR]** 7. b **[H HIPÓTESIS]** 8. a **[D DESCRIBIR]** 9. b **[G GUSTOS]** 10. c **[P PASADO]** 11. c **[C COMPARAR]** 12. b **[F FUTURO]** 13. b **[G GUSTOS]** 14. a **[D DESCRIBIR]** 15. c **[P PASADO]**   **Paso 2** 1. Las, bonitas **[D]** 2. Las, variadas **[D]** 3. extrovertidos **[D]** 4. Los, la **[D]**

Paso 3 Sara espera que su hermana la visite más de una vez este año. **[R RECOMENDAR]** **[C COMPARAR]**

PRÁCTICA ORAL

María Metiche

(*Respuestas posibles*) 1. Sara y Laura la llevaron a varias galerías, a la universidad y a un restaurante. 2. Sergio la invitó a Calle Ocho. 3. Pasó un día ayudando a Diego en Tesoros. 4. Vendió una alfombra cara. 5. Javier anunció que salía con Laura. 6. Javier estaba medio loco. 7. Su madre estaba orgullosa de haber vendido la alfombra. 8. Su madre estaba muy contenta con los amigos de Javier.

Vocabulario del tema

1. rebelde 2. sumiso 3. estricto 4. envidioso 5. presumida 6. despistado 7. grosero

Puntos clave

A. 1. pasado 2. presente 3. futuro 4. futuro 5. pasado 6. pasado   **B.** 1. La Sra. de Mercado insiste en que Javier se case con una puertorriqueña. **[R RECOMENDAR]** 2. La verdad es que Javier es más rebelde e independiente que su hermano Jacobo. **[C]** 3. Mientras Laura estudiaba en la biblioteca anoche, Manuel la llamó desde el Ecuador y le dejó un mensaje con un tono decepcionado. **[P PASADO]** 4. Los padres de Sara se pondrán muy contentos cuando Sara por fin vuelva a España. **[F FUTURO]** 5. La Sra. de Mercado mimaba a Jacobo porque él tenía problemas de salud cuando era niño. **[P PASADO]**

Para escuchar mejor

Antes de escuchar   **B.** 1. Tienen derecho a elegir su propio gobernador puertorriqueño. 2. Puerto Rico a veces parece territorio de los Estados Unidos y a veces una nación independiente. 3. Mucha gente cree que los Estados Unidos no piensa en el bienestar de los puertorriqueños.

¡A escuchar!   **A.** 1. No, es Estado Libre Asociado con los Estados Unidos. 2. Se usa el dólar. 3. El español y el inglés son las lenguas oficiales. 4. Forman parte de las fuerzas armadas estadounidenses. 5. No, no la necesitan. 6. La mayoría quiere mantener la situación actual.

Capítulo 3

PRÁCTICA ESCRITA

Vocabulario del tema

A. 1. d 2. j 3. g 4. h 5. b 6. i 7. c 8. e 9. a 10. f   **B.** (*Las explicaciones variarán.*) 1. regañar 2. dañino 3. coquetear 4. discutir 5. halagada   **C. Paso 1** 1. la emoción 2. emocionarse 3. enojarse 4. enojado/a 5. el puesto 6. puesto/a   **Paso 2** 1. S, susto 2. S, vergüenza 3. A, perdida 4. A, asustada 5. S, alegría 6. V, se enojó   **D.** 1. avergonzada 2. dejó plantada 3. dañinas 4. fracaso 5. coquetear   **E.** 1. está/se siente cansado 2. está/se siente confundida 3. está/se siente asustada 4. está/se siente apenado 5. está/se siente asqueado 6. está/se siente enojada

Puntos clave

Práctica de formas verbales   **A.** 1. discuto, discutí/discutía, he discutido, discutiré/discutiría, discuta
2. merecemos, merecimos/merecíamos, hemos merecido, mereceremos/mereceríamos, merezcamos,
mereciéramos 3. se pone, se puso/se ponía, se ha puesto, se pondrá/se pondría, se ponga 4. sueño,
soñé/soñaba, he soñado, soñaré/soñaría, sueñe, soñara 5. odian, odiaron/odiaban, han odiado, odiarán/
odiarían, odien, odiaran 6. rompe, rompió/rompía, ha roto, romperá/rompería, rompa, rompiera
B. 1. Lo dejamos plantado. 2. Estamos dejándolo plantado. / Lo estamos dejando plantado. 3. Lo
dejamos plantado. 4. Lo dejábamos plantado. 5. Lo hemos dejado plantado. 7. Lo dejaremos plantado.
8. Lo dejaríamos plantado. 9. Es una lástima que lo dejemos plantado. 11. Déjalo plantado. 12. No lo
dejen plantado. 13. Dejémoslo plantado.

Los puntos clave principales: Recomendaciones y reacciones

El subjuntivo   **A. Paso 1** 1. cause 2. se llevan 3. están 4. ayude 5. sea 6. vaya 7. pase 8. haya 9. sea
B. Paso 1 1. se encargue 2. contrate 3. conozca 4. es 5. tenga 6. pida 7. traer 8. tocan 9. aumenta
10. ofrezca 11. sea 12. guste   **E.** 1. El sacerdote recomendó que la pareja no se casara en Disneyworld.
2. Pero la novia insistió/insistía en que se hiciera la boda de sus sueños. 3. Ella quería/quiso que el
novio se pusiera un traje de príncipe. 4. Para ella, era importante que salieran en la carroza de Cenicienta.
5. El novio no pensó/pensaba que los deseos de la novia fueran importantes. 6. Dudamos que este
matrimonio tuviera futuro.

Los mandatos   **A.** 1. Búscalo. 2. Cuídalas. 3. Encuéntrala. 4. Tómalos. 5. Respétalo. 6. Dilos.   **B.** 1. No
seas comprensivo. 2. No le compres más regalos. 3. No lo/la alabes. 4. No te cases con ella. 5. No les
des buenos consejos. 6. No te pongas serio.   **C.** (*Respuestas posibles*) 1. Te recomiendo que termines tu
tarea ahora. 2. Te ruego que visites a los abuelos. 3. Te pido que compartas la pizza con tu hermano.
4. Prefiero que te mudes inmediatamente. 5. Espero que no castigues al niño. 6. Quiero que los llames
pronto. 7. Te recomiendo que no te quejes.   **E.** 1. Sal ahora mismo. 2. Llévalo a la fiesta. 3. Confía en
mí. 4. No coquetees más. 5. No lo dejes plantado. 6. No lo mimes.

Los otros puntos clave   **A.** 1. estaban asustadas 2. era, chistosos 3. sean, celosos 4. son compartidos
B. (*Respuestas posibles*) 1. Laura Bush es la más conservadora de las tres. 2. Bill Gates es más egoísta
que Donald Trump. 3. Adele es la más exitosa de las tres.   **C. Paso 1** 1. salía 2. conoció 3. Tenían
4. se graduó 5. consiguió 6. quiso 7. estudiaba 8. estaba 9. podía 10. convenció 11. fue   **D.** (*Las
opiniones variarán.*) 1. A la gente romántica le gusta pasear bajo las estrellas. 2. A nosotros nos molestan
los solteros quejones. 3. A las solteras les fastidia la práctica de piropear. 4. A Frida Kahlo le fascinaban
los cuadros de Diego Rivera.   **F. Paso 1** 1. se basarán 2. tendrán 3. buscaré 4. iremos 5. jugaremos
6. serán 7. saldrá 8. pasaremos   **Paso 2** 1. encuentre, emocionado/a 2. tenga, satisfecho 3. vea, celoso
4. te quites, asustado 5. deje, enojado   **G.** 1. A Diego le molesta que Cristina coquetee con otros
hombres. 2. Si yo fuera Cristina, rompería con Diego ya que siempre piensa en su tienda.

Los otros puntos gramaticales   **A.** 1. por 2. Para 3. Por 4. para, para, por 5. por 6. Para   **B.** 1. de
2. en 3. a 4. de 5. a 6. a 7. con 8. en 9. de

PRÁCTICA ORAL

María Metiche

(*Respuestas posibles*) 1. Fueron a una exposición de José Guadalupe Posada. 2. Se encontraron con
Laura para comer. 3. Fueron de compras. 4. Cristina compró una falda.

Vocabulario del tema

1. avergonzada 2. asustada 3. confundido 4. apenada 5. enojado

Puntos clave

A. 1. situación verdadera 2. deseo 3. situación verdadera 4. deseo 5. deseo   **B.** 1. A Cristina le molestó mucho que Diego la dejara plantada. **G** GUSTOS, **R** RECOMENDAR 2. Si Diego tuviera otra persona en quien confiar, podría dejar Tesoros de vez en cuando. **H** HIPÓTESIS 3. Es importante que los miembros de una pareja se lleven bien y que sean sinceros entre sí. **P** PASADO 4. Las relaciones que Laura tiene con Javier son más relajadas que las que tiene con Manuel porque Javier es menos celoso que él. **C** COMPARAR 5. El chico con quien estuvo hablando Sara en Ruta Maya la llamó ayer para invitarla a cenar. **P** PASADO

Para escuchar mejor

Antes de escuchar   **B.** 1. 1889 2. 1913 3. 1921 4. 1967

¡A escuchar!   **A.** 1. Era una mujer activa, atrevida y rebelde. 2. Fue a México porque el gobierno mexicano la invitó para darle las gracias por haberle salvado la vida a un muchacho mexicano. 3. Fue a Yucatán porque era periodista y hacía reportajes sobre las excavaciones arqueológicas de Chichén Itzá. 4. Fue amor a primera vista; ella se enamoró de él. 5. Felipe ya estaba casado. 6. Se divorció de su primera esposa. 7. No se casaron porque los enemigos políticos de Felipe lo mataron antes de su boda. 8. Fue un amor verdadero, trágico y eterno.

Para repasar

PRÁCTICA ESCRITA

Descripción y comparación

Repaso de los puntos clave

Descripción   **A.** 1. son, caras 2. están, son 3. está, otra 4. están, son, bajos 5. está, es, fabulosa
B. 1. cerrada 2. rotas 3. escrito 4. abierta 5. guardado 6. sorprendidos 7. descubiertos 8. abierta

Comparación   **A.** (*Respuestas posibles*) 1. Pasar tiempo en la playa es más divertido que pasar tiempo en las montañas 2. Dalí tenía menos talento que Picasso. 3. Cuba es tan bello como Puerto Rico. 4. Frida Kahlo pintaba tan bien como Diego Rivera. **C.** (*Respuestas posibles*) 1. Marco Rubio es el más conservador de los tres. 2. Shaquille O'Neal es el más alto de los tres. 3. Lady Gaga es la más llamativa de las tres. 4. Delaware es el más pequeño de los tres. 5. Warren Buffet es el más rico de los tres.

Narración en el pasado

Repaso de los puntos clave   **A.** 1. fueron 2. querían 3. insistió 4. explicaba 5. empezaron 6. era 7. fue 8. estaban   **B.** 1. llegó 2. se sentía 3. conoció 4. invitó 5. Era 6. empezó 7. tenía 8. era 9. escribieron 10. presentaron 11. fue

Reacciones y recomendaciones

Repaso de los puntos clave   **A.** 1. sea 2. estudie 3. saque 4. viaje 5. puede 6. salga 7. se vaya 8. parezca 9. debe 10. hace   **C.** 1. me mudara 2. regresara 3. estuvieras 4. tomaste 5. debiste 6. fuéramos 7. se metieran 8. tomaran 9. te dieras

Hablar de los gustos y las opiniones

Repaso de los puntos clave   **A.** 1. Antes a Sara le fascinaban los Beatles pero ahora … 2. Antes a Diego y a Sergio les molestaban las reuniones familiares pero ahora … 3. Antes a Luara le encantaba la biología pero ahora … 4. Antes a Javier le interesaban los chismes de los ricos y famosos pero ahora … 5. Antes a mi mejor amigo y a mí nos gustaba /gustaban …   **B.** 1. Me dan ganas de ir a nadar en el lago. 2. Me aburren las malas noticias que dan cada noche en el noticiero. 3. A Sergio le fascinan los corridos mexicanos antiguos. 4. A Laura y Diego les interesan mucho los grabados de José Guadalupe Posada. 5. Nos preocupan Uds. 6. A Sara y Javier no les importa tener un televisor. **C.** 1. Lo cierra a las 8:00 de la noche. 2. La bailan en Calle Ocho. 3. Los llama todos los domingos. 4. No, no la invitó a la recepción. 5. Sí, la vio. **D.** 1. Sí, se la regaló. 2. Se las envió ayer. 3. Te lo dejó tu hermano. 4. Sí, nos lo prestó. 5. Por supuesto, dámelos.

Hacer hipótesis

Repaso de los puntos clave **A.** 1. tuviera 2. dejaría 3. se dedicaría 4. pudiera 5. escribiría 6. fuera 7. llegara 8. firmaría 9. podría **B.** 1. iría 2. recomendaría 3. visitaría **C.** 1. pasáramos 2. podríamos 3. haríamos 4. fuera 5. hablaría 6. convencieras 7. hubiera 8. se encargarían 9. se tomaría 10. decidiera 11. haríamos 12. escucharía

Hablar del futuro

Repaso de los puntos clave **A.** (*Las respuestas variarán.*) 1. empezarán 2. abrirán 3. negociarán 4. comunicarán, quiera 5. cambiará **B.** (*Las opiniones variarán.*) 1. estará/se sentirá rabiosa. 2. estará/se sentirá apenado. 3. estará/se sentirá celoso. 4. estarán hartos. **C.** (*Los consejos variarán.*) 1. vayas 2. hable 3. te lleves 4. extrañes 5. odies 6. te sientas 7. conozcas

Prueba diagnóstica

Paso 1 1. a [R RECOMENDAR] 2. c [C COMPARAR] 3. c [H HIPÓTESIS] 4. a [R RECOMENDAR] 5. b [F FUTURO] 6. a [D DESCRIBIR] 7. b [H HIPÓTESIS] 8. a [D DESCRIBIR] 9. b [G GUSTOS] 10. c [P PASADO] 11. c [C COMPARAR] 12. b [F FUTURO] 13. b [G GUSTOS] 14. a [D DESCRIBIR] 15. c [P PASADO] **Paso 2** 1. Las, bonitas [D DESCRIBIR] 2. Las, variadas [D DESCRIBIR] 3. extrovertidos [D DESCRIBIR] 4. Los, la [D DESCRIBIR]

Paso 3 Sara espera que su hermana la visite más de una vez este año. [R RECOMENDAR] [C COMPARAR]

PRÁCTICA ORAL

María Metiche

(*Respuestas posibles*) 1. La mamá de Javier llegó con el propósito de convencerle a mudarse a Puerto Rico. 2. Lola, la prima de Sara, llegó de Barcelona. 3. Los cinco amigos fueron a un concierto. 4. Cristina rompió con Diego. 5. Javier se sentía estresado anticipando la visita de su mamá. 6. Todos estaban aliviados y cansados cuando se marcharon las visitas. 7. Los amigos se sentían muy a gusto y relajados en el concierto.

Vocabulario del tema

1. b 2. b 3. b 4. b 5. a 6. c 7. b 8. a 9. c

Puntos clave

A. 1. futuro 2. pasado 3. presente 4. presente 5. pasado 6. futuro **B.** 1. La madre de Javier siempre mimaba a su hermano gemelo. [P PASADO] 2. A Sara le molesta que sus padres la regañan cuando no les llama por teléfono. [G GUSTOS] 3. Sergio es más atrevido que Diego pero menos tiquismiquis que su primo. [C COMPARAR] [D DESCRIBIR] 4. Si Diego no se apasionara tanto con el trabajo, tendría mejores relaciones con Cristina. [H HIPÓTESIS] 5. Los dueños de Ruta Maya piensan que es fantástico que los clientes confíen en Javier. [G GUSTOS] [R RECOMENDAR]

Capítulo 4

PRÁCTICA ESCRITA

Vocabulario del tema

A. 1. f 2. j 3. h 4. b 5. i 6. c 7. d 8. g 9. e 10. a **B.** (*Las explicaciones variarán.*) 1. C 2. F 3. C 4. F 5. C
C. Paso 1 1. mejor 2. la reunión 3. reunirse **Paso 2** 1. A, bromista 2. A, agobiada 3. A, animada
4. V, mejorar 5. V, animar 6. S, fiesta 7. A, mejor **F.** 1. madrugar 2. disminuya 3. aprovechar
4. posponga 5. exitoso 6. libre 7. dispuesto

Puntos clave

Práctica de formas verbales **A.** 1. me desvelo, me desvelé/me desvelaba, me he desvelado, me
desvelaré/me desvelaría, me desvele, me desvelara 2. madrugamos, madrugamos/madrugábamos,
hemos madrugado, madrugaremos/madrugaríamos, madruguemos, madrugáramos 3. realiza, realizó/
realizaba, ha realizado, realizará/realizaría, realice, realizara 4. posponen, pospusieron/posponían, han
pospuesto, pospondrán/pospondrían, pospongan, pospusieran 5. sigo, seguí/seguía, he seguido,
seguiré/seguiría, siga, siguiera 6. Te ríes, te reíste/te reías, te has reído, te reirás/te reirías, te rías, te
rieras **B.** 1. Lo pasan bien. 2. Están pasándolo bien. / Lo están pasando bien. 3. Lo pasaron bien.
4. Lo pasaban bien. 5. Lo han pasado bien. 6. Ya lo habían pasado bien. 7. Lo pasarán bien. 8. Lo
pasarían bien. 9. Es bueno que lo pasen bien. 10. Era bueno que lo pasaran bien. 11. Pásalo bien.
12. No lo pasen bien. 13. Pasémoslo bien.

Los puntos clave principales: Hablar de los gustos y las opiniones

Gustar *y otros verbos parecidos* A. 1. te gustó 2. me gustaba 3. le encantan 4. le resulta 5. le fascinan
6. les preocupa 7. nos da **B.** (*Las opiniones variarán.*) 1. A Laura le emocionan los conciertos de Manu
Chao 2. A Sara y Laura les gustan las galletas de chocolate 3. A Diego le hace falta tener más tiempo
libre 4. A Cristina le molesta la dedicación de Diego al trabajo 5. A Sara le interesa entrevistar a
Steven Spielberg

Los pronombres de complemento directo e indirecto **A.** 1. les 2. [] 3. [] 4. la 5. les 6. [] 7. [] 8. lo
9. le 10. [] 11. [] 12. lo 13. le 14. [] 15. le 16. [] 17. los 18. [] 19. les 20. [] 21. les 22. [] **C.** 1. Tengo
un problema que necesito comentar con mi profesor, así que podemos comentarlo en nuestra reunión
mañana. 2. Me encanta la música caribeña y por eso la escucho todas las noches. 3. Después de establecer una meta grande me siento ansiosa; por eso, establezco metas pequeñas para poder realizarla.
4. El desempleo es un problema grave hoy en día y por lo tanto el gobierno quiere hacer todo lo posible
para eliminarlo.

Opiniones **A.** 1. tenga, debe, duerma 2. pase, baile, siga 3. tenga, gaste, guarde 4. esté, debe, pida
5. tenga, ha escogido, beba **B.** 1. trabaje, trabajaba, trabajara, trabajaba 2. ha comprado, haya comprado,
había comprado, hubiera comprado 3. ha corrido, haya corrido, corría / había corrido, corriera
C. 1a. Nos encanta que toquen esta música en Ruta Maya esta semana. 1b. Nos encantó que tocaran
esa música en Ruta Maya esta semana. 2a. A Sara le fascina que ofrezcan clases de literatura en la
Universidad de Texas. 2b. A Sara le fascinaba que ofrecieran clases de literatura en la Universidad de
Texas. 3a. No me gusta que tengamos que memorizar los verbos irregulares. 3b. No me gustó que
tuviéramos que memorizar los verbos irregulares. 4a. A los dueños de Ruta Maya les emociona que
los eventos atraigan a personas activas en la política de la ciudad. 4b. A los dueños de Ruta Maya les
emocionó que los eventos atrajeran a personas activas en la política de la ciudad. 5a. Me encanta que
hayan puesto los cuadros en las paredes de Ruta Maya. 5b. Me encantó que hubieran puesto los cuadros
en las paredes de Ruta Maya.

Los otros puntos clave **A.** 1. escrito 2. renombrada 3. moderna 4. negativas 5. agotadas 6. es
7. agobiante 8. muchas 9. adecuado 10. estar **C. Paso 1** 1. faltaba 2. confiaba 3. Era 4. molestaba
5. sabía 6. llegó 7. encontró 8. puso 9. juró 10. se enfermó 11. pudo **E.** 1. sacarías 2. postearas
3. tendrías 4. estudiaras 5. podrías **F. Paso 1** 1. haya, las máquinas de escribir serán obsoletas
2. empiecen, no habrá tanto tráfico 3. ofrezcan, seguirán sintiéndose quemados y desanimados

4. ganen, tendrán que recibir un sueldo más pequeño   **G.** 1. Sara lo pasó fatal anoche porque su amigo Pepe estaba de mal humor y se comportó como un aguafiestas. 2. Me desvelaría toda la noche si tuviera que prepararme para un examen importante.

Los otros puntos gramaticales   **A.** 1. Por 2. para 3. por 4. por 5. por 6. para 7. por   **B.** 1. tenga 2. sepa 3. pueda 4. sea 5. cumpla

Prueba diagnóstica: Capítulos 3 y 4

Paso 1 1. b **[R** REACCIONAR/RECOMENDAR**]** 2. c **[H** HIPÓTESIS**]** 3. a **[G** GUSTOS**]** 4. b **[P** PASADO**]** 5. c **[F** FUTURO**]** 6. b **[H** HIPÓTESIS**]** 7. a **[R** REACCIONAR/RECOMENDAR**]** 8. c **[G** GUSTOS**]** 9. c **[D** DESCRIBIR**]** 10. a **[P** PASADO**]** 11. a **[R** REACCIONAR/RECOMENDAR**]** 12. b **[C** COMPARAR**]** 13. b **[G** GUSTOS**]** 14. c **[D** DESCRIBIR**]** 15. c **[P** PASADO**]**   **Paso 2** 1. Las, variados **[D** DESCRIBIR**]** 2. una **[D** DESCRIBIR**]** 3. el, fría **[D** DESCRIBIR**]** 4. Las, beneficiosas **[D** DESCRIBIR**]**

Paso 3 La música latinoamericana le fascina a Sergio tanto como le fascina a su padre. **[G** GUSTOS**] [C** COMPARAR**]**

PRÁCTICA ORAL

María Metiche

(*Respuestas posibles*) 1. Diego preparó una comida excelente. 2. Charlaron y bailaron. 3. Francisco Ramos llegó y los entretuvo con sus historias. 4. Hicieron una barbacoa. 5. Diego estaba muy animado. 6. Cristina estaba de muy buen humor. 7. Sara y Laura estaban muy orgullosas.

Vocabulario del tema

1. d 2. a 3. b 4. c 5. e

Puntos clave

A. 1. las revistas de chismes 2. la danza moderna 3. la comida picante 4. hacer ejercicios aeróbicos 5. las horas que Diego pasa en Tesoros 6. desvelarse   **B.** 1. A la gente fiestera uruguaya le encanta pasar los fines de semana en las playas del Océano Atlántico. **[G** GUSTOS**]** 2. En su época, Carlos Gardel era tan popular como Elvis Presley en su propio tiempo. **[C** COMPARAR**]** 3. Cuando Sergio tenía 18 años, su amor a la música se convirtió en el amor al baile. **[P** PASADO**]** 4. Si sufriera Ud. de estrés, ¿iría a un sicólogo o se reuniría con sus amigos para resolver sus problemas? **[H** HIPÓTESIS**]** 5. Para una persona cuya meta es ser millonaria antes de cumplir los 30 años, es necesario sacarse el aire constantemente. **[R** REACCIONAR/RECOMENDAR**]**

Para escuchar mejor

Antes de escuchar   **B.** 1. 1934 2. 15 3. 70 4. 1982
¡A escuchar!   **A.** 1. F 2. C 3. C 4. C 5. F

Capítulo 5

PRÁCTICA ESCRITA

Vocabulario del tema

A. 1. i 2. j 3. d 4. e 5. g 6. c 7. b 8. f 9. h 10. a   **B.** (*Las explicaciones variarán.*) 1. el bienestar 2. egoísta 3. la líder 4. combatir   **C. Paso 1** 1. la resolución 2. resolver 3. la alarma 4. alarmar 5. el desarrollo 6. desarrollado 7. la colaboración 8. colaborar **Paso 2** 1. V, desarrollado 2. A, desilusionante 3. S, choques 4. S, colaboración 5. V, alarmó 6. resolver **F.** 1. alarmante 2. desnutrición 3. narcotráfico 4. horripilantes 5. hacer de voluntaria 6. vale la pena 7. bienestar 8. alarmista 9. se entera

Puntos clave

Práctica de formas verbales   **A.** 1. financio, financié/financiaba, he financiado, financiaré/financiaría, financie, financiara 2. desarrollamos, desarrollamos/desarrollábamos, hemos desarrollado, desarrollaremos/desarrollaríamos, desarrollemos, desarrolláramos 3. vale, valió/valía, ha valido, valdrá/valdría, valga, valiera 4. me entero, me enteré/me enteraba, me he enterado, me enteraré/me enteraría, me entere, me enterara 5. promueven, promovieron/promovían, han promovido, promoverán/promoverían, promuevan, promovieran 6. eliges, elegiste/elegías, has elegido, elegirás/elegirías, elijas, eligieras **B.** 1. La ofrezco. 2. Estoy ofreciéndola./La estoy ofreciendo. 3. La ofrecí. 4. La ofrecía. 5. La he ofrecido. 6. La había ofrecido. 7. La ofreceré. 8. La ofrecería. 9. Es increíble que la ofrezca. 10. Era increíble que la ofreciera. 11. Ofrécela. 12. No la ofrezcan. 13. Ofrezcámosla.

Los puntos clave principales: Hacer hipótesis   **A.** 1. Si Sergio recibiera una invitación, iría al festival musical en Viña del Mar. 2. Si Javier volviera a Puerto Rico, se casaría con una puertorriqueña. 3. Si Sergio estuviera en Pamplona en julio, correría con los toros. 4. Si Laura pudiera, pasaría tres meses en Bolivia y Colombia. 5. Si los padres de Sara la visitaran en Texas, tratarían de convencerla de que regresara a España. 6. Si Diego abriera otra tienda en Nuevo México, estaría agobiado constantemente. **B.** 1. heredara, compraría 2. fuera, protestaría 3. se mudara, estaría 4. dejara, se sentiría 5. se hiciera, estarían 6. tuviera, sería   **E.** 1. se escaparía 2. se iría 3. colaboraría 4. se escondería 5. haría 6. donaría

Los otros puntos clave   **A.** 1. moderna 2. práctica 3. actuales 4. inteligentes 5. escandalosos 6. corruptos 7. polémicos 8. peligrosas 9. común 10. críticos   **B.** (*Respuestas posibles*) 1. El analfabetismo es tan alarmante como la desnutrición. 2. El terrorismo es más horripilante que el narcotráfico. 3. Un activista es menos egoísta que un oportunista.   **C. Paso 1** 1. molestaban 2. afectaban 3. esperaban 4. hizo 5. comenzó 6. Hacía 7. pasaban 8. estaba 9. hizo 10. dio   **E.** 1. A Laura le molestaba que su padre fuera tan cauteloso. 2. A Javier le encantaba que los clientes de Ruta Maya tuvieran interés en la política. 3. A Sergio y Diego les gustaba que pudieran donar dinero a las ONGs cada año. 4. A Laura le importaba que hubiera gente generosa en este mundo. 5. A los cinco amigos les encantaba que en Austin hubiera mucha gente activa en la política.   **F.** 1. termine 2. se permita 3. haya   **G.** 1. El padre de Laura no quiere que (ella) vaya a Colombia porque (a él) le molesta la violencia. 2. Si hicieras de voluntario/a en Latinoamérica, aprenderías español rápido y trabajarías con mucha gente fascinante.

Los otros puntos gramaticales   **A.** 1. Lo que 2. quien *o* que 3. quien *o* la que 4. las que *o* las cuales 5. cuyos 6. que 7. donde 8. lo que   **B.** 1. para 2. por 3. por 4. Por 5. por 6. por 7. por 8. para 9. para 10. Para

PRÁCTICA ORAL

María Metiche

(*Respuestas posibles*) 1. Su padre le mandó artículos negativos sobre Latinoamérica. 2. Laura sacó información del Internet sobre Latinoamérica. 3. Laura alquiló documentales de *National Geographic*. 4. Laura se fue a visitar a su padre. 5. Ella hizo todo lo posible para tranquilizarlo. 6. Su padre estaba muy preocupado. 7. Laura estaba enojada con su padre. 8. Su padre se sentía más tranquilo cuando supo que Javier iba a acompañarla a Colombia.

Vocabulario del tema

1. c 2. e 3. a 4. b 5. d

Puntos clave

A. 1. Es posible. 2. Es hipotético. 3. Es hipotético. 4. Es hipotético. 5. Es posible.   **B.** 1. A Laura le molestan los titulares negativos que vienen de Latinoamérica porque preocupan a su padre. **G** 2. Según Sergio, hay tanto crimen en los Estados Unidos como en Latinoamérica, pero el Sr. Taylor no está convencido de ello. **C** 3. Me dio pánico ver a dos sospechosos que entraban en la sede con un rehén medio muerto. **P** 4. Si hubiera una huelga protestando el aumento en la matrícula de la universidad,

¿participaría Ud.? **H** 5. Hoy en día es importante que todos los ciudadanos luchen contra los prejuicios. **R**

Para escuchar mejor

Antes de escuchar **B.** 1. 9 2. 1986 3. 1996 4. 8

¡A escuchar! **A.** 1. c 2. b 3. c 4. a

Capítulo 6

PRÁCTICA ESCRITA

Vocabulario del tema

A. 1. d 2. g 3. a 4. f 5. h 6. c 7. e 8. b **B.** 1. habilidad 2. herramienta 3. emprendedores 4. se enfocan 5. ambiciosa 6. ingreso 7. provee 8. amplía **C.** Ampliación léxica **Paso 1** 1. prometedor(a) 2. conocer 3. conocido/a **Paso 2** 1. S, conciencia 2. S, conocimiento 3. V garantiza 4. V, se enfocan 5. A, especializada

Puntos clave

A. 1. Me enfoco, me enfoqué / me enfocaba, me he enfocado, me enfocaré / me enfocaría, me enfoque, me enfocara 2. Animamos, animamos / animábamos, hemos animado, animaremos / animaríamos, animemos, animáramos 3. Asegura, aseguró / aseguraba , ha asegurado, asegurará / aseguraría, asegure, asegurara 4. Garantizo, garanticé / garantizaba, he garantizado, garantizaré / garantizaría, garantice, garantizara 5. Se especializan, se especializaron / se especializaban, se han especializado, se especializarán / se especializarían, se especialicen, se especializaran 6. Diseñas, diseñaste / diseñaba, has diseñado, diseñarás / diseñarías, diseñes, diseñaras **B.** 1. Las investigas. 2. Las estás investigando / Estás investigándolas. 3. Las investigaste. 4. Las investigabas. 5. Las has investigado. 6. Ya las habías investigado. 7. Las investigarás. 8. Las investigarías. 9. No me gusta que las investigues. 10. No me gustó que las investigaras. 11. No las investigue. 12. Investiguémoslas.

Los puntos clave principales: Hablar del futuro **A.** 1. recogerá 2. distribuirán 3. pondrá 4. dirá 5. tendrá 6. Estaré, podremos **B.** 1. tenga 2. tuviera 3. esté 4. saliera, estuviera 5. haya 6. hubiera 7. llamara, hubiera 8. haya **C.** 1. prepara 2. empiece 3. recibiera 4. lleguen 5. entregue 6. llegaron 7. toque 8. estaba **D.** 1. llegó 2. conoció 3. se levanta 4. se vista 5. está 6. tenga 7. terminan 8. tenga 9. llegue 10. haya visto 11. se pierda 12. busquen 13. se aburra 14. sienta **E.** 1. Habrá mucho tráfico. 2. Estará atrasada. 3. Estará emocionado. 4. Tendrá algún problema. 5. Estará harto.

Todos los puntos clave **A. Paso 1** 1. querían 2. sabían 3. pasó 4. estaban 5. hacía 6. salieron 7. estaba 8. pudo 9. estaba 10. bebió 11. había recibido 12. consiguió 13. salió 14. dejó 15. juraron 16. harían **B.** 1. le importaba 2. les preocupa 3. le molestaba 4. nos fastidió 5. le encantó **C. Paso 1** 1. era 2. fui 3. fue 4. estaba 5. era 6. eran 7. era 8. Estaba 9. Fue **Paso 2** 1. más pobres que 2. más de, menos de 3. tan duro como, tan dedicadas como, tanto como 4. mejor que, peores que 5. más que, menos televisión que 6. más conmovedora de **D.** (*Las reacciones variarán.*) 1. a. adoptarán, demandarán b. habrá, compartirá 2. a. disminuirá, donarán b. será, Habrá **E. Paso 2** (*Las reacciones variarán.*) 1. trabajara 2. pudiera 3. invirtieran 4. quisiera

Los otros puntos gramaticales **A.** 1. esté 2. tenga 3. ofrezca 4. existe 5. tenga 6. conoce 7. puedan **B.** 1. por 2. por 3. para 4. para 5. Por 6. por 7. por 8. Para 9. por

Prueba diagnóstica: Capítulos 5 y 6

Paso 1 1. c **P** 2. b **C** 3. c **D** 4. b **G** 5. a **H** 6. b **R** 7. a **P** 8. b **H** 9. a **G** 10. a **F** 11. a **C** 12. b **R** 13. a **F** 14. b **D** 15. b **P** **Paso 2** 1. La, los, positiva **D** 2. El, recibido **D** 3. La, el **D**

Paso 3 El director recomendó que tuvieran tantos conjuntos musicales el año que viene como han tenido este año. **R** **C**

PRÁCTICA ORAL

María Metiche

(*Respuestas posibles*) 1. Sara sugirió que Javier le dijera a su madre que salía con Laura. Diego dejó de trabajar tanto e invitó a Javier y a Laura a bailar en Calle Ocho con él y Cristina. Laura recibió una postal de Colombia y Javier se ofreció para acompañarla. 2. Después de confirmar definitivamente que Laura y Javier salían juntos, María Metiche estaba muy contenta. 3. Laura y Javier estaban emocionados la primera noche en que bailaron juntos en Calle Ocho. 4. El padre de Laura estaba aliviado cuando oyó que Javier acompañaría a su hija a Colombia.

Vocabulario del tema

1. alcanzar 2. logramos 3. construir 4. fomentar 5. ingresos 6. poner manos a la obra 7. aumentar 8. desarrollo 9. nivel 10. logro

Puntos clave

A. 1. futura 2. completa 3. habitual 4. futura 5. habitual 6. futura **B.** 1. Es fantástico que Diego haya dejado de pasar tanto tiempo en Tesoros. **R** RECOMENDAR 2. La clonación de seres humanos es más horripilante que la llegada de extraterrestres a nuestro planeta. **C** COMPARAR 3. Si nuestros hijos toman en serio la conservación de los recursos naturales, habrá esperanza para el nuevo milenio. **F** FUTURO 4. A Laura le preocupa la desigualdad y la falta de armonía que observa en el mundo actual. **G** GUSTOS 5. Si Diego pudiera comprar y vender productos a través del Internet, sería alucinante. **H** HIPÓTESIS

Para escuchar mejor

Antes de escuchar **B.** 1. *shared*, compartir 2. *developed*, desarrollar 3. *called*, llamar

¡A escuchar! **A.** 1. F 2. F 3. C 4. C 5. C